聖書にみるドラマ

聖書にみるドラマ

目次

装幀・図版解説　渡辺総一

交流のよろこびを

歴史は大きなドラマだといわれます。人類の歴史を、神と人との関わりとしてとらえる聖書は、それをどのように描き出しているでしょうか。

『婦人之友』はこの数年来、「聖書にみるドラマ」と題する欄を設け、毎月一篇を掲載して来ましたが、読者からの反響は、この永遠の書がつねに清新なことばをもって、万人に呼びかけていることを思わせました。このたびその中から、旧新約両書にわたる三十余篇をえらび、寄稿者のご賛同を得て、ここに一巻を編む運びとなりましたことは、大きな喜びでございます。

執筆者は、聖書を日々の糧、活力の泉とし、それぞれご専門の領域に優れた貢献をしておられる方々です。その心に映じた聖書の神秘と真実のドラマに、読む人はあらためて目を開かれ、楽しみつつ学ぶことでしょう。

今日、社会の各方面に、人の心と心のふれあいが切実に求められている折から、この一冊が、既刊『聖書の人びと』と、『聖書とわれら』（絶版）*に続いて、世代を問わず、多くの方に愛され、交流のよろこびをもたらすようにと心から祈ります。

一九八二年　春

婦人之友編集部

付記　聖書本文の訳文、用語、名称などは、それぞれ筆者選定の翻訳によるものです。なお、関心のある読者のご参考に、本書の旧約部分に登場する人物を中心としてイスラエル史概説と、地図を添えてみました。

＊『聖書とわれら』は1975年出版。

『聖書にみるドラマ』を初版から三〇年を経て、新版としてここに復刻いたしました。
執筆者ならびに関係諸氏に快くご承諾いただきましたことを感謝いたします。

二〇一二年　春

婦人之友社

旧約Ⅰ

天と地の間に

天地創造から十字架へ

——啓示と科学のあいだ

斎藤文一

宇宙の賛歌

空には星がめぐり、地には水が流れ、野に花が咲きこぼれます。このような天然に直面して、私たちは得も言われぬ感動がどこからともなく、しみじみとして湧いて来るのを覚えます。一瞬のうちに成立する、この宇宙的な共感としか言いようのない驚くべき感情は、いったいどこからやって来るのでしょうか。それは天地創造のさいに、根源的に働いた神のみことばを、全世界がたたえ、ひとしくなつかしんでいるのです。（創世記・一章一—二章三参照）

万物に「創世記体験」が潜《ひそ》められており、しかもそれが忘れられています。それを忘れさせているのは、人がこの世に作った富と力の〝偶像〟です。この偶像によって、人は世を裁き、また死と生をも支配しようとします。しかしその道は、「創世記」によれば、神――創造者の知恵を奪おうとするものであります。偶像はますます肥大化し、その前で人は戦《おのの》いています。現代は、ことに〝時のしるし〟(マタイ伝・一六章三)を示し、じっさいに人は〝被造物《つくられたもの》〟として創世記を生きることが求められています。人は、天地創造の根源に働いた力を想わざるを得ません。この世の人の知恵が、それを愚かなこととし、ついにあの十字架をも愚かなこととしようとも。

「光よ　あれ」

天と地の始まりのとき、地は形がなく、やみが大いなる水の上にあり、神の霊が水の上を動いていたとありますす。ここに父なる神の、純一にして広大な愛のみことばが発せられ、天地創造の幕が開いたのであります。

そのとき、神が、

「光よ。あれ」

と仰せられた。すると光ができた。

神はその光をよしと見られた。そして神はこの光とやみとを区別された。

神は、この光を昼と名づけ、このやみを夜と名づけられた。こうして夕があり、朝があった。

第一日。（創世記・一章三—五）

この幕開けのとき、光はあの真空中での速さ、秒速三十万キロメートルをもって宇宙へつき進んだことでしょう。そしてそのときやみは、神の愛から断たれ、神のみ姿の現われることのない所としてありました。やみが堕罪の場所、死と呪いの場所の意味を持つのも、そう遠いことではありません。「創世記」第一章に見られる、七日間の神のみわざは、第一日目の光の幕開けから始まって、第二日目の「大空よ。水の間にあれ」、そして第三日目の「天の下の水は一ところに集まれ」と進みます。ここで光と大空と、地の海と陸が現われますが、それらは混沌から分離への道でもありました。しからばその原始混沌はどのように用意されたか、それは問うところでありません。このような考えは、現代の物理学にもかなうものです。それによれば宇宙誕生にとっての〝幸運〟は、そのとき物質と光とが熱平衡にあったと考えられるということであります。ひとたび熱平衡が成立すれば、それ以前とは無関係に、それ以後の経過は原理的には完全に追跡出来るのであって、このような事情を宇宙論は〝幸運〟と言っているのです。しかしここでは取りあえず、旧約の創世物語は本質的に物理学とは異なるものである、と言っておきましょう。それはあくまでも一つの啓示であり、それゆえ訂正されることがなく、その後の科学を含めた世界の探求は、人間に託されたと考えられます。

さて第四日目からは、天の大空で光る物として太陽と月と星が、水と空に群がる物として魚や鳥が、そしてついに人が生まれます。

そして神は、

「われわれに似るように、われわれのかたちに、人を造ろう。そして彼らに、海の魚、空の鳥、家畜、地のすべてのもの、地をはうすべてのものを支配させよう。——生めよ。ふえよ。地を満たせ。——」

そのようにして神はお造りになったすべてのものをご覧になった。見よ。それは非常によかった。こうして夕があり、朝があった。第六日。(創世記・一章二六—三一)

この中で、おん一人のはずの父なる神が、「われわれに似るように」と言われたことは一つの不思議ですが、あるいは後年パウロが宇宙の主たるキリストをたたえ、「創世記」を想起したとき、天地創造のさい、時が満ちて人間となる前に、すでに「みことば」として「おん子」が神と共にあった(コロサイ書・一章)というそのことを予感したものとも言えましょう。

大空のイメージ

さて古代イスラエル人にとって、宇宙や大空はどういうものだったでしょうか。宇宙は三階建ての建物のようであり、大空は二階の天井のようなものでありました。一階は地下にあり、そこは死者の国でした。二階が地で、そこは深淵の上にあり、海に囲まれ、柱に支えられています。その天井が大空で、大きな透明な板で出来ており、それで三階なる天国の海を隔てます。大空は天国の海を透かしており、それで水色に見えます。ここの水門を開けば、甘い水が雨となって降ります。天国の海の上には、神の住まいの山があります。太陽や月や星は、大空の内側を移り行きます。このようなものでした。

「創世記」第一章は、ドラマの全体から見れば、「序曲」にあたると言えましょう。エネルギーに満ち溢れたものが、ゆっくり秩序整然と、舞台に現われてまいります。これからドラマが、ことに創造の全体の上にもたらすであろう、人間の罪と、神の栄光のドラマが展開するのです。

天地創造から十字架へ

真理はこのように始まりました。真理は、始められた方（神）のみことばによります。やがて新約のイエススに至りますが、イエススは天地創造を完成される方としてあり、そのことをパウロが「宇宙の主キリストへの賛歌」として次のようにのべています。

おん子〈イエスス〉は目に見えない神の生き写し、
すべての造られたものに先立って生まれた方。
それは、天にあるものも地にあるものも、見えるものも見えないものも、
玉座の霊も主権の霊も、
支配の霊も権威の霊も、
すべてのものはおん子のうちに造られたからであり、——
おん子はすべてに先立つ方、
すべてのものはおん子のうちにあってこそ存続できる。——
その十字架の血によって平和をもたらし、おん子によって、おん子へとすべてのものを和解させること——（コロサイ書・一章一五—二〇）〈　〉は筆者注

パウロはここで、天地創造に示されたほどの神のみわざが、今やキリストの上に集中して表現したことをたたえ、そのことを「おん子は万物に先立って生まれた」というような驚くべき言葉で語ります。パウロにとっては、万物とのかかわりにおけるキリストの根源性は、このような言

葉によらざるを得ないほど強烈であったこと、さらに「時間」の概念についても、現代の進化論や宇宙論を超えた次元の内容をも含んでいること、を示していると思われるのであります。

さらにパウロは、かかるおん子が十字架にかけられ、万物はそれによって和解すると語ります。和解する、とはパウロにとって大事な用語で、一度は不服従と反抗を歩いた者が、再び元へ戻ること、神との失われた関係を回復することを意味します。天地創造から十字架へ至る道は、不思議とも見えますが、神の意志が完《まっと》うするために、神が自らおきたもうた真理の必然と解さなければなりません。そしてこのような啓示が、まさに二十世紀の今日、輝きを増しているように見えることに、あらためて驚嘆せざるを得ないのであります。

二十世紀に輝く啓示

現代の一つの特徴は、歴史上かつて見られぬほど高度の、すなわち物質の極限状態の操作をも要求する、〝偶像崇拝〟です。人間は神の造りたまいし物に似せて、物を作りましたが、今やそれは際限がなく、ついに人類を全般的破滅に導くものさえ現われました。ここで物質は、現世の――聖書によれば「肉」の――有用性のみによって評価され、そして加工され、ついに生命と死さえも操る道具に変えられています。科学技術の進歩と密接に関連するこの人間実存の危機を救うために、〝偶像崇拝〟を止めなければなりませんが、それを窮極的に否定する原理は、天地創造から十字架へという啓示以外に、今やどこにありましょうか。

創世記に照らして見れば、万物は、ひとしく「神がよし」とされたものであり、この時働いた神の意志も、驚くべき公平と、あわれみと、そして忠実（マタイ伝・二三章二三）であります。神がよしとされた、いかなる現世の物も、全てが栄誉をになうのであって、汲み尽くされることはあり得ません。〝偶像崇拝〟とは、このような神の賜物をおのれの手に奪い、聖書に言う肉の知恵、――公平を欠き、あわれみを欠き、忠実を欠く、かの人間の知恵――が、これを操り、その前にひざまずくことであります。この高慢が、「神を試みる」ことであり、あの極限まで人間を愛された主を、ついに受難者とするのであります。

天地創造から十字架へという道を考えて来ました。これに照らして見れば、これまでの世界史は、すべて「神を試みる」傲慢の時代であったと言えるのではないでしょうか。すでに十字架はありましたけれども、二千年後の今なお、人間はその啓示を、地球上に完《まっと》うしていないと考えるのであります。

愛のありか

——ふりかえるロトの妻

森　禮子

物語

ロトの妻は、美しく賢かった。また愛情深く、織物や料理なども上手だった。夫と二人の娘と共に住んでいる家は、彼女が織った見事な絨緞や壁掛けで飾られ、台所には野ぶどうや野薔薇のジャムの壺が並び、羊の肉を煮込むいい匂いがしていた。

夫のロトは信仰深く、また家族を愛していた。彼が伯父のアブラハムと別れて移り住んだソドムの町は殷賑《いんしん》を極め、生活の豊かさに傲慢になった人びとは神を畏れず、金銭を恃《たの》んで遊蕩に耽《ふけ》っていたが、ロトの家族は敬虔な暮らしを送っていた。

神の啓示をうけた預言者が、ソドムの町の人びとに根のない浮薄《ふはく》な暮らしを戒《いまし》め、信仰にもとづいた生き方をするよう伝道したが、人びとは世迷い言《ごと》だと嘲笑《あざわら》い、しかし内心で怖れもして町から追い出そうとした。ロトはいそいで預言者を家にかくまい、ロトの妻はとっておきの凝乳《チーズ》や子牛の肉で御馳走をつくり、自慢の美しい食器に盛って手厚くもてなした。大きな牧畜業者であるが慎《つつ》ましい生活をしているロトの家には、貯えが豊かにあった。

ロトの一家の清潔で落着いた暮らしぶりをかねがね嫉《ねた》んでいたソドムの町の人びとは、ロトが預言者をかくまったことを知ると、激昂して押しかけて来た。ロトの娘に求婚して断られた町の顔役が先頭に立ち、預言者を引き渡せと迫った。ロトは、代りに娘を嫁にやるから……とまで言ったが、群衆心理に駆られて猛《たけ》り立っている人びとは聞き入れなかった。

預言者はロトに、この町は神の怒りでもうじき滅びるから、早く妻と二人の娘を連れて逃げなさい、と言った。ロトが躊躇《ためら》っていると更に、「のがれて、自分の命を救いなさい。うしろをふりかえって見てはならない。低地にはどこにも立ち止まってはならない。山にのがれなさい。そうしなければ、あなたは滅びます」と命じた。

ロトと妻と二人の娘はその夜のうちに着のみ着のままで町からのがれた。途中で激しい嵐になり、天からの火が町の家々に落ちて燃えあがったが、ふりかえる余裕もなく夢中で走りつづけた。

ようやく安全な所まで来て、ほっと足をゆるめた。その時になってロトの妻は、ようやく買い取ったばかりの家や、その家に残して来た家財道具のことを思い出し、たまらなく惜しくなって思わずふり返った。燃え尽きて黒々とした焼野原のソドムの町を眼にした瞬間、ロトの妻は塩の柱になっていた。

ロトと二人の娘はふりむかなかったので、何事が起こったのかも気づかぬまま先へ進んで行った。ふりかえった姿のまま塩の柱になったロトの妻はひとり取り残され、風が吹くたびにカサリカサリと寂しい音をたてて崩れていった。

勝手な想像を加えて、私流に書き直した旧約聖書（創世記・一九章）のロトの妻の物語であるが、若い頃から私の心の中にこの塩の柱になったロトの妻の姿があった。そして齢をとるに従って、その姿が更にはっきり見えてくるようになった。一緒に逃げているロトと妻と二人の娘のうち、ふりかえったのが中年の女性である妻だけだった理由がわかって来たからである。

一家の主《あるじ》であるロトは、足弱な三人の女を連れている責任感や、明日からの生活の建て直しの心組みなどで、背後をふりむく余裕はない。まだ若い二人の娘は、自分達の人生はこれからだと思っているから、失った物にそれほど未練がない。おそらくロトの妻も、夫や娘の身を気遣って逃げている時はただ夢中だったに違いないが、無事に逃げのびたとわかってほっとすると同時に、こまごまと家計を倹約して買い求め、永年磨いたり整えたりして手塩にかけてきた家や家具への愛着が甦り、思わずふりかえってしまうのである。

つまり、ロトの妻がふりかえったことのなかに私は、家庭的な情の深い女を感じ、逃げのびたロトや二人の娘よりも人間的な親しさ、暖かさを感じる。

しかし同時に、「ソドムの町から逃れる時に、ふりかえってはならない」という言葉に、深く頷きもする。人間として命を——肉体的な意味でも、精神的な意味でも——失うかどうかという瀬戸際に立った時、他の一切のものを捨てて命を救う決断が必要である。この当然のことが、意外に人間には出来難いのである。

苦難の中で

よく、こうした話を聞く。心から愛していた夫に先立たれた妻が、毎日墓参りをして日を送っていたが、一周忌の命日に後追い自殺をしてしまった、あるいは一粒種の子供を失った母親が世間との交際を一切絶ち、家にひきこもって昔のアルバムを眺めたり遺品に泪《なみだ》したりして、ただ子供の思い出に耽《ふけ》って暮らしているなどという話である。こうした話を世間では愛情深い感動的な出来事とするけれども、私にはそれこそ塩の柱になっている人間の姿に思われる。失われた過去を嘆くあまり、この世に生きている人びとへの愛を失い、また自分自身の命を愛することも忘れているからである。人間は自分の力で生きているのではなく、神によって生かされているのであるから、この世に残っている者には、まだなすべき使命が与えられているのである。それを忘れて死者にのみ心を奪われているのは、魂の死にほかならない。

愛する者に死に別れることとは、この世で最大の苦痛であるが、同時に最大の魂の危機でもある。塩の柱にならぬためには、無理にも、過去をふり返って嘆くことを自分に禁じなければならない。それでは死者に対して薄情だと思う人もあるかも知れないが、父母の葬いをすませてからイエスに従いたいと言った青年に対して、「死者は死者に葬《ほうむ》らせるがよい」とイエスは答えられた。生者が行う葬いが唯一の葬いではなく、死者はすでにこの世を越えているのだから、生者は自分の魂を救うことを先にすべきだと教えられたのである。

私が郷里にいた頃の友人に、永年の婚約者を自動車事故で失った女性がいる。それこそ相思相愛で、同じ大学でひとつの研究を共にしていた間柄でもあり、またどちらかといえば内向的な性格であったので、ひょっとすると自殺でもするのではないかと周囲の人びとは心配した。ところが彼女は研究室に残っていた婚約者の遺品をさっぱりと片付けてしまい、何事もなかったようにお洒落《しゃれ》をしたり、研究室仲間とハイキングに出かけたりしたので、あれでは死んだ婚約者が可哀想だと蔭口をきく人さえあった。しかし数年後に彼女は研究を完成し、婚約者との共著として本を出版した。その出版記念会の席上で彼女は、生き残った自分が研究を完成させねばと彼を忘れるよう努めて来たが、今になると彼が自分の中に生きつづけているのを感じると静かな声音《こわね》で話した。過去をふりかえらないという潔《いさぎよ》い決心によって彼女は、自分自身を救うと同時に、愛を完成させたのである。見事なひとつの葬い方である。

人間がふりかえってはならない危機は、愛する者との死別の他にも、さまざまある。そのひとつは、苦難の中にいる時である。事業が失敗した時、あるいは物事が思うように運ばない時、またあるいは家庭不和であるとか、そういう状態に陥った時、打開のための冷静な反省は必要であるけれども、苦しい現実を紛《まぎ》らすために過去の思い出にすがることが、人間には間々《まま》ある。劇作家の加藤道夫の詩劇「想い出を売る男」は、心優しい流しのアコーディオン弾きの男が、惨めな境遇にいる人々に、美しい曲とともに、ひとりひとりに昔の思い出を甦らせてやって慰めるという筋であるが、しかし、思い出の中にいる時だけは救われたように感じられても、その思い出から醒めた時、惨めな現在はより惨めに感じられるだけではないだろうか。どんなに美しい思い出でも、現在の苦難を打開する力はないからである。たとえば経済的に苦しい時、子供の頃はあんなに生活が豊かで倖せであったのに……と追想すればするほど、人生そのものが灰色に見えてくる。ああ、くだらない、なるようになれと、虚無的な思いに囚われてしまう。こうした状態もまた、塩の柱になった状態と言える。

苦難のさ中にある時は、神に祈りつつ全力を尽くして苦難と戦うことによってのみ、希望を失わずにいることが出来るのである。

生きる根拠をどこに

ふりかえることの危険ばかりをのべてきたが、人間が生きてゆくうえにおいて、あまり遠くを希《のぞ》みすぎることも危険である。最近は子供がまだ小学生の頃から、どこそこの大学にやって一流会社に就職させて……と計算をたてて、あくせくと絶えずいら立っている親が多い。あるいはまた、高すぎる理想を自分に課し、そのために現在の自分に強い不満を抱き、感謝すべきことにも感謝を忘れている場合もある。また前途を悲観的にのみ考えて、絶望やニヒリズムにとらわれてしまう場合もある。こんな状態もまた、塩の柱と化している状態である。

逆に自己の現状に満足しきって、そこに安住している状態もやはり、塩の柱になっていると言えよう。

人間が塩の柱とならず、生き生きと人間らしく生きてゆくことは、まことに難しいことであるが、しかし、ただひとつだけ可能な道がある。それは生きる根拠を神への信仰におき、イエス・キリストの人間への愛にみちた教えに従うことによって可能とされるのである。

「一日の苦労は、その日一日だけで十分である」（マタイによる福音書・六章三四）

主の山に備えあり

――アブラハムの愛と真実

平出　亨

神の試み

アブラハムという、まことに信仰ぶかい人がありました。あるとき、神が彼を試みようとなさって、「お前の子のイサクを、わたしのために燔祭《はんさい》としてささげなさい」と言われました。燔祭とは、神へのささげものとして、犠牲の動物を祭壇の上で焼きつくすことです。

神に指定された山に祭壇を築き、わが子を殺して燔祭とするため、用意をととのえて、犠牲にされるその子をつれて、彼は出かけて行きます。さすがにイサクにむかって、「お前を燔祭にするのだ」とは言えません。目的地に近づいたときの道々の父子の会話を、聖書から読んでみましょう。

アブラハムは燔祭のたきぎを取って、その子イサクに負わせ、手に火と刃物とを執《と》って、ふたり一緒に行った。やがてイサクは父アブラハムに言った、「父よ」。彼は答えた、「子よ、わたしはここにいます」。イサクは言った、「火とたきぎとはありますが、燔祭の小羊はどこにありますか」。アブラハムは言った、「子よ、神みずから燔祭の小羊を備えてくださるであろう」。こうしてふたりは一緒に行った。(創世記・二二章六―八)

ことがらの重大さにくらべて、この書きかたは何とそっけないことでしょう。しかし、父子の会話は、このようなものであったにちがいありません。われわれがそっけないと思うのは、そこにアブラハムの内心の苦悩を少しもえがいていないからです。

ところが、この単純な文章は、必要最小限のことばをつかい、表面にあらわれたことがらだけを述べているために、かえって感動をよぶのです。アブラハムの苦悩を推測して、文学的な、たくみな形容で説明したら、きっと美しい物語文学をつくりあげることになるでしょうけれども、聖書の記者はそういうことをしません。この箇所にかぎらず、聖書の記述はいつもそっけなく、そしてそれゆえに感動的なのです。

絶対的な服従

神の命令によって、わが子をささげる、しかも、その子が、自分が燔祭となるとはつゆ知らず、背中に、やがて殺されてその上で焼かれるたきぎを負って、父親のあとに無邪気について行く……。そんな情景を想像してください。それのみならず、燔祭をささげるときには、いつもかならずつれて行く犠牲の小羊を、今回はつれて行かないのをいぶかって、その子は、おそらく父親を横から見上げるようにして、そのことを質問したことでしょう。そういうことも、想像してみてください。

アブラハムの悲痛さは、どんなだったでしょう。この話の前の方を読むとわかりますが、彼らは家を出て目的地まで、三日かかって行ったのです。三日間を耐えぬいたアブラハムの強靭《じん》さは人間わざとは思われません。あるいは、あまりのできごとのために、心が動転して、自分で何をしているのかわからなかったと言えるかもしれません。たといそうであっても、イサクをささげるために家を出た事実、つまり神の命令に服従した事実に、かわりはありません。

ここでもう一つ大事なことをつけ加えておきます。それは、イサクという子は、アブラハムがおそろしく年をとってから、神の約束によって、彼の世つぎとして生まれた子であり、神はこのイサクによって彼の子孫を、空の星のように増し加えると約束なさった、ということです。ですから、いまそのイサクをささげてしまったら、子孫はどうなるのでしょうか。アブラハムの苦悩はここにもあるのです。

信仰の人アブラハムは、一方において、この神の約束を信じて生き、一方において、神の命令に絶対的に服従しようとするのです。これはたいへんな矛盾です。しかしアブラハムは、この矛盾について、何の説明も求めようとしません。約束は約束として信じ、命令は命令として服従する、それがアブラハムの信仰です。神のなさることに、人間の解釈は不用ですし、また、してはなりません。

ある人びとは、アブラハムは復活の信仰をもっていたので、子供イサクが死んでも、神はきっとよみがえらせてくださると信じていたのだ、だから燔祭としてささげる決心がついたのだ、という説明をつけています。私はそれを否定する十分な根拠をもっているわけではありませんが、そこまでアブラハムは考えただろうか、という疑いをもっています。アブラハムは、ただひたすら神を信じた、としか言いようがないように思うのです。神を信じる、つまり神を神とすることが、彼にとって何よりもたいせつなのです。だからこそ、神のために子を求められたとき、それをささげようとするのです。いずれそのうめあわせを、神はしてくださる、とは少しも彼は考えなかったでしょう。そういうことではなく、彼は、神がつねに最善をつくしてくださる、と信じていたのです。

神のはからい

さて、アブラハムは、神が指定なさった場所へ行きつき、そこに祭壇を築き、たきぎをならべその子イサクをしばって祭壇のたきぎの上にのせ、あわや刃物で殺そうとします。そのとき、神は天使をおくって、その手をおしとどめさせるのです。

み使が言った、「わらべを手にかけてはならない。また何も彼にしてはならない。あなたの子、あなたのひとり子をさえ、わたしのために惜しまないので、あなたが神を恐れる者であることをわたしは今知った」。（同・二二）

アブラハムの神への信仰は、「ひとり子さえ惜しまない」信仰だというのです。「惜しむ」という聖書の原語は、「さしひかえる、しまっておく、これだけはとっておく」という感じの字です。「神のためには、何でもささげます、けれども、これだけは例外としておゆるしください」というのではなく、何一つ例外とせず、すべてをささげるという従順が求められるのです。アブラハムは、かけがえのない息子をさえ例外としなかった、ということなのです。

すべてをささげる全幅の信頼と従順とのあるところ、神は思いもおよばない方法で、われわれにとって、もっともよきものを与えてくださるのです。

アブラハムの心底を見とどけられた神は、今度はイサクをささげることを禁じられます。しかし、もはやイサクは、アブラハムによってささげられたにひとしいと言えるでしょう。そして、彼の子孫は空の星のように多くなるという神の約束もまた、反古《ほご》にはならないのです。

この話はまだつづきがあります。天使のことばのあと、ふと見ると、角《つの》をやぶにかけている雄羊がいたので、これをとらえ、イサクのかわりに燔祭としたのです。アブラハムがイサクに苦しまぎれに答えた返事、「神みずから燔祭の小羊を備えてくださるであろう」とのことばが、ほんとうになったのです。

これにより、人々は今日もなお「主の山に備えあり」と言う。（同・一四）

子供を殺してささげるなどということが材料になっているこの話は、いかにも残酷です。しかし、聖書がほんとうに言いたいのは、せんかた尽きてしまったようなときにも、ただ神の愛と真実とを信じて疑わないところに、神はかならず最善の処置をとってくださる、ということなのです。

純愛と不純
――水を汲む娘リベカ

久米あつみ

ある夕暮に

あなたはわたしの国へ行き、親族の所へ行って、わたしの子イサクのために妻をめとらなければならない。(創世記・二四章四)

アブラハムのしもべは、井戸のかたわらに佇《たたず》んで、深い物思いに沈んでいた。時は夕暮、所はアブラハムの兄弟ナホルの一族が住んでいるナホルの町。アブラハムの信任厚いこの年老いたしもべは、はるばるカナンの地から旅して、今しがたこの町に着いたところだ。彼は主人の息子イサクのために、信仰を同じくするよい嫁を、この地方で見つけて連れ帰らなければならない。見知らぬこの地で、はたして嫁候補者は見つかるだろうか。

しもべは神に祈りを捧げずにはいられなかった。「主人アブラハムの神、主よ、どうか、きょう、わたしにしあわせを授け、主人アブラハムに恵みを施《ほどこ》してください。わたしは泉のそばに立っています。町の人々の娘たちが水をくみに出てきたとき、娘に向かって『お願いです、あなたの水がめを傾けてわたしに飲ませてください』と言い、娘が答えて、『お飲みください。あなたのらくだにも飲ませましょう』と言ったなら、その者こそ、あなたがしもべイサクのために定められた者ということにしてください。わたしはこれによって、あなたがわたしの主人に恵みを施されることを知りましょう」と。

この素朴な祈りが意味しているのは何だろうか。旅人に井戸から水を汲んで飲ませること、それだけでなく旅人の家畜にまで水を飲ませてやること、それは現代の私たちでは想像もできないほど重みのある行為であったにちがいない。並みの厚意とか、かいがいしさ、愛嬌の好さ、ではすまされない、心の寛《ひろ》さと優しさを表わす行動であったと思われる。だがそんな娘がいるだろうか。しもべの祈りはおそらく必死のものであったにちがいない。旅のちりにまみれた体で、ものいわぬらくだたちの傍らで、彼は祈りつづける。

旅立ちの決意

彼がまだ言い終らないうちに、アブラハムの兄弟ナホルの妻ミルカの子ベトエルの娘リベカが、水がめを肩に載せて出てきた。（創世記・二四章一五）

しもべの祈りは聞かれた。祈りが終らぬうちに（そのころの人は現代の私たちのように目をつぶり下を向いて、ぶつぶつとつぶやくような祈りをしたのではなく、目を見開き、大きな声で天に向かって語りかけたのだろう）、美しい娘が目の前に現われたのである。聖書のこの条《くだ》りは、まるでプーサンの絵か古代画でも見るように、牧歌的な静けさと清澄の気に満ちている。しもべが声を掛け、娘ははきはきと応答する。しもべに水を飲ませたあと、娘はすすんでらくだたちに水を飲ませる。何度となく井戸に走って行っては水を汲む娘。じっと見つめているしもべ。動と静、青春と老年の対比が、まことにあざやかである。

十頭のらくだがすべて水を飲み終り、人も動物も一息入れたところで、しもべは金の鼻輪と金の腕輪を取り出し、敬意を表しつつ娘に与え、その名を聞く。娘がはっきりとした口調で、「ナホルの妻ミルカの子ベトエルの娘」と名乗り、また父の家には客を泊める場所があるから、どうぞおいで下さいとすすめた時、しもべの老いた胸は高らかに鳴った。よろこびと感謝にあふれて、しもべは自分を主人アブラハムの兄弟の家に導いてくれた主をほめる祈りを捧げる。懇願の祈り、感謝の祈りの代表を、私たちはしもべの二つの祈りのうちに見る。

　このあと事態は急速に進んで行く。娘リベカの報告を聞いた兄ラバンは、井戸のところまでしもべを迎えに行き、家に案内する。旅人に対するもてなしの食事がはじまる前に、しもべはリベカの父と兄との前で自分の任務を語り、リベカを主人の息子の妻としてもらい受けたいと頼む。しもべの長い語りを聞き終った娘の父と兄には、このことが主なる神の意志であることが理解された。「主が言われたように、あなたの主人の子の妻にして下さい」と二人は答えている。結納のしるしともいうべきさまざまの贈り物がアブラハム側からなされ、盛大な食事がはじまるが、翌朝にはもう、しもべはリベカを連れて帰ると言い出す。びっくり仰天したのはリベカの家族である。掌中の珠とも愛《いつく》しんで、大事に大事に育てて来たこの美しい娘、妹を、いくら主の意志だとて、やぶから棒に他国に連れて行かれてはかなわない。衣服もととのえ花嫁道具もそろえてやりたい。結婚の心得もいって聞かせなければならないだろうし、何より名残を惜しみたい。少くとも十日の猶予をもってほしい、というのが肉親の出した条件であった。しかし使者であるしもべは聞かない。困りはてた母親、兄は、本人を呼んで聞いてみましょうという。箱入り娘のあの子のこと、泣き出して承知しないにきまっていると期待しつつ。ところがこの、まだ子供だとばかり思っていた娘の返答は、親たちの予想を裏切るものだった。リベカはいう、この人といっしよに行きます、と。

いったいどうしてリベカはこんな返答ができたのだろうか。生来勝気なところがあったのか（後半生の物語を読むとそうも考えられる）。父の家での平凡な生活にあきあきして、外へ飛び出したいと思っていたのか。親族のイサクという名がそんなに魅力的だったか。しかしこれらの要素のいずれも、決定的な力はもち得ない。反対に、この話を疑おうと思えば疑える点はいっぱいある。アブラハムのしもべだと称するこの人自体、たしかに本人だと断定できるか。よい嫁入り先を紹介するなどといって、砂漠を通る隊商にでも売り飛ばしかねない。話が本当としても長い旅路、女の身ではどんなにか難儀であろう。第一イサクなる人物の性格、風貌など、何ひとつ分かりはしないのである。これらもろもろの不審がありながらなお、リベカは出発する方に賭《か》けた。だれにも強制されず、言いふくめられたわけでもなく、命令されたわけでもない。ただ自分自身の意志で、出発を決意した。

ある意味でリベカの旅立ちは、アブラハムやその父テラのそれよりももっと、無謀なものであった（創世記・一一章三一―一二章五）。彼らには共に出かけるべき家族がいた。妻子を連れ、腹心の人々を従えての出立は、面倒ではあろうが孤独ではない。しかしリベカは、父母、兄と別れ、伴《とも》といってはうばを連れるのみで、使者のことばだけを信用して出かけるのである。当時ことばのもつ権威、それにともなう責任は、今日と比べものにならぬ重いものであったではあろうが、よく言えば大胆、悪く言えば無茶な出立である。

不純のなかの純

その子らが胎内で押し合ったので、リベカは言った、「こんなことでは、わたしはどうなるでしょう」。（創世記・二五章二二）

幸いにもリベカは、イサクの妻となって愛された。しかしリベカのほんとうのドラマは、ふたごの男児エサウとヤコブを生んだときからはじまる。母親の胎内ですでに争っていたこの二人は、性格も好みもまるでちがう競争相手であった。父イサクは狩猟者エサウを愛し、母リベカは穏やかな知恵者ヤコブを偏愛した。長子の祝福をヤコブにかすめ取らせる事件は、私たちをがっかりさせる。家督をゆずるにあたって家長が長子に与える祝福を、リベカはヤコブにエサウの変装をさせ、自分が代りに祝いの食べ物をつくってやって、父親から奪い取らせるのである。あの愛らしい娘が、こんな浅ましい小細工をする中年女になり下がったのだ（創世記・二七章）。

この事件がもとで兄弟の対立は決定的となり、エサウはヤコブを殺して、復讐を遂げようと決意する。思わぬ事態を招いたのに驚いたリベカは、ひそかにヤコブを自分の故郷めざして逃がしてやり、ついにふたたび会うことなく死ぬ。——厄介者の長男エサウ、また他国人の嫁との共同生活に苦しめられ、恍惚の人になってしまった夫を抱えて。このリベカの生涯を、浅はかだ、とかつまらない、と批評するのはたやすいことだ。何のための出立だったか、何のための策略だったか、と。

ところが聖書のドラマはまだ終りを告げない。人間の浅はかさや、めちゃくちゃ加減をとことんまで描いている聖書は、そのめちゃくちゃな現実の中から、キラリと光る宝をすくい上げる。母子そろっての陰謀、それはヤコブが前にも、あつもの一杯で兄から長子の特権をだまし取っているだけに（創世記・二五章）弁解の余地なく邪悪な行為に見えるのだが、結果としてはこの現世的祝福は、神からの霊的祝福に変えられて行く。裸一貫で父の家から追い出されたヤコブは、長子の特権を行使するどころか二十年余もひどい辛苦を味わうことになるが、ついにはイスラエル十二部族の祖となる（創世記・三二章）。

子をえこひいきする愚かな母親の浅慮と見えたもの、その中に実は、どんなことをしてでも神の祝福を得たいという切望がこめられている。神は不純な動機からはじまった願いでも、その中にある純な望みをえり分けて下さる方なのだ。

信仰とは、望んでいる事がらを確信し、まだ見ていない事実を確認することである。（ヘブル人への手紙・一一章一）

旧約II
神と人と

技術文明への問いかけ

——バベルの塔

隅谷三喜男

全地は同じ発音、同じ言葉であった。時に人々は東に移り、シナルの地に平野を得て、そこに住んだ。彼らは互に言った、「さあ、れんがを造って、よく焼こう」。こうして彼らは石の代りに、れんがを得、しっくいの代りに、アスファルトを得た。彼らはまた言った、「さあ、町と塔とを建てて、その頂を天に届かせよう。そしてわれわれは名を上げて、全地のおもてに散るのを免れよう」。時に主は下って、人の子たちの建てる町と塔とを見て、言われた、「民は一つで、みな同じ言葉である。彼らはすでにこの事をしはじめた。彼らがしようとする事は、もはや何事もとどめ得ないであろう。さあ、われわれは下って行って、そこで彼らの言葉を乱し、互に言葉が通じないようにしよう」。こうして主が彼らをそこから全地のおもてに散らされたので、彼らは町を建てるのをやめた。これによってその町の名はバベルと呼ばれた。主がそこで全地の言葉を乱されたからである。主はそこから彼らを全地のおもてに散らされた。(創世記・一一章一—九)

神の座に向って

創世記一一章に記されているいわゆる「バベルの塔」の物語は、本来、人類のことばがなぜ多様であり、相互に通じあわないのかを、説明しようとしたものといえる。というのは、一〇章までに記されたノアの箱舟の記述によって、大洪水のあとに残された人類といえば、ノアの一家以外にはいなかったことになるが、現実の世界では多様な民族と言語が存在していたので、その事情を神の摂理との関係で説明する必要があったわけである。したがって、一節は「全地は同じ発音、同じ言葉であった」という叙述で始まり、九節で「主(神)はそこで全地の言葉を乱された」と結んでいるのである。

だが、バベルの塔はそのような多様な言語の起源の外に、現代の私たちにとって重大な意味をもつメッセージを含んでいる。結論を先取りしていえば、技術文化への根源的な問いかけである。シナルの地—今のイラク—に平野をえて移り住んだ人類の先祖は、自然を征服し、高度な文化を築いて、全世界を支配するものとなろうと考えたのである。この間の事情を聖書は簡潔に、「さあ、町と塔とを建てて、その頂を天に届かせよう。そしてわれわれは名を上げて、全地のおもてに散らされるのを免れよう」、と人びとは語ったと記している。

天は神の座と考えられたから、天に達する塔を建設することは、取りも直さず、人間が神の座を手にすることである。神の座を手にすれば、人間はすべてを支配することができる。そう考えて古代人は天に達する塔の建設を手がけたわけであるが、それは古代人のみならず、人類の夢であったといってよいであろう。ところで現代人は、その科学と技術とをもって、まさに天に達することを成しとげたのである。

人類の夢の実現

月は古代の人びと以来、さまざまなロマンを人類に与えてきた。夜旅する人の道を照らし、遠く離れては親しい人びとも同じ月を眺めているであろうと、月に想いをよせ、子供たちは兎の住む世界を空想したりした。ところが、現代の科学・技術はこのような人間のロマンを飛びこえて、月世界にロケットを打ちあげ、宇宙飛行士を月に着陸させた。まさに人間は天に達したのである。そればかりでなく、人類はこの月の砂漠を宇宙飛行士たちが砂ぼこりを立てながら歩く様子を、茶の間のテレビにありありと映し出すことさえなしとげたのである。われわれは自分が月の世界にいるかのように感じさえした。

人類の科学・技術は、月をこえてさらに木星や土星に宇宙ロケットを飛ばせている。やがては、太陽系をこえ、これもまた人類に多くのロマンを与えてきた銀河の世界にまで、ロケットを送りこむことになるであろう。その意味において、人類は今日、長い間の夢であった天に達することが出来たのである。

これを可能にしたのは何か。いうまでもなく科学・技術である。古代世界の時代から、人間は自然を支配し、自らの文化を築く手段として、技術を開発してきた。古代人が天に達する塔を建設しようとした時、人びとは「さあ、れんがを造って、よく焼こう」と語りあった、と聖書は記しており、これに続けてさらに、「こうして彼らは石の代りに、れんがを得、しっくいの代りに、アスファルトを得た」と述べている。れんがやアスファルトは、古代の建築・土木事業が生み出した技術である。このような技術や科学は、人類が生み出した成果であり、これらによって人類の生活は豊かにされてきた。

しかし、人類はここで一つの重大な過ちを犯した。人びとは「町と塔とを建てて、その頂を天に届かせよう」としたのである。いいかえれば、自分たちの作り出した技術によって自然を支配し、自分たちを神の座に引き上げようとしたのである。それは古代人の心の奢りであっただけではない。人類の歴史とともに古く、とりわけ現代人をとらえている考え方である。科学・技術は日進月歩である。科学が一歩進めば、神秘のベールは一枚はがされる。技術が一段階発展すれば、昨日まで不可能と思われたことも、今日は可能となる。科学・技術の発展の前に、未知の世界、不可能な事柄は一つ一つ消滅していくかのごとくである。神は死んだ、否、人間が神の座につくことになったのだ、と現代人は考えはじめたようである。

言語不通の現代

古代人がその技術をもって天に達する塔の建設を始めたとき、神はこう言われたと聖書は記している。「民は一つで、みな同じ言葉である。彼らはすでにこの事をしはじめた。彼らがしようとする事は、もはや何事もとどめ得ないであろう」。神が予測されたように、現代人の作り出した科学・技術は、その歩み出した途をひたすら走り続けている。一方では宇宙ロケットを飛ばせて、月に人間を送りこみ、さらに木星、土星の探索を続けている。他方では極微の世界に入りこみ、原子力の火を盗むことにも成功しただけでなく、遺伝子の構造を明らかにして、その組み替えによって、新しい生物をも作り出そうとしている。聖書の記すように、「もはや何事もとどめ得ない勢い」である。

このような人間の思い上がりに対して、神はどうされたか。「われわれは下って行って、そこで彼らの言葉を乱し、互に言葉が通じないようにしよう」といわれた、と記されている。天に達する塔の大建築に従事していたれんが工とれんが積工、れんが積工とアスファルト工、さらにれんが工と運搬夫等々の間で、相互に言葉が通じ合わなくなった、というのである。塔の建設はもはや不可能である。彼らの文化は崩壊せざるをえなかった。「彼らは町を建てるのをやめた」。建てることが不可能となったのである。しかも、ここで注意されなければならないのは、塔と町の建設が、地震や暴風雨のような外的な原因で中止されたのではないことである。相互の言語不通という文化内部の事情による、といっている点である。建設は内部から崩壊したのである。

言語不通といえばロケットを月に打ち上げ、遺伝子を組み替えることに成功した現代の文化も、相互に言語不通である。自然科学者のいうことは社会科学者には通ぜず、人文科学の成果は自然科学者には理解不可能である。それればかりでなく、たとえば私の専門とする経済学についていえば、経済学の内部で、専門が違えば相互に言語不通なのである。専門家の間ですでにこのような状態であるから、専門家としろうととの間ではいっそう言葉は通じない。言語不通という点でもっとも大きな問題をはらんでいるのは、科学を基盤とする現代の文化が、科学の世界と異質な信仰の世界と言語不通である、ということである。

人間の貧困──光か暗か

現代の社会で科学・技術が発展し、われわれの知識の世界が広がり、物質が豊かになり、人間の生活が豊富になっていくにつれ、逆に人間自体は貧困となり、空洞化していったのではないか。人間とは何であり、人間は何のために生きるのか、人生はいかにあるべきか、というような問いは、科学的に答えることはできない。科学的に答えられないことは不確実なことであり、問う意味がないことと考えられるようになってきた。

もっともこう断言することについては、反対があるかもしれない。現代においても、人生についてさまざまなことが語られているのではないか。いかにすれば、幸福を手に入れられるか、いかにすれば少ない生活費で豊かな生活ができるか、いかにすれば短期間に英語をマスターできるか。こういう生活をめぐる論議はわれわれの日常生活の中にあふれている。しかし、それらはいずれも、いかにすれば、という処世の技術論、いいかえれば、ハウ・ツーの世界なのである。それは現代社会が技術の世界であることの延長線にはあるが、人間存在の本質には少しもふれないのである。科学・技術の発展により、人間は自分のあるべき姿について問うことを忘れ、言葉を忘れようとしている。

その結果はどうであったか。「主（神）が彼らをそこから全地のおもてに散らされたので、彼らは町を建てるのをやめた」。考古学者のいうところによると、今日、イラクの砂漠の中に、このバベルの塔の遺跡をみることができる、ということである。原子力の火を手に入れた人間が、最初にこの火を利用したのは、大量殺人兵器である原子爆弾であった。遺伝子の組み替えは、人類の未来に光をもたらすであろうか、それとも暗をもたらすであろうか。それを決するのはわれわれ人間をおいて他にない。しかし、その人間は科学・技術の発展の中で空洞化してしまったのではないか。人類が散らされないためには、もう一度バベルの塔の物語から、深く学ばなければならないであろう。

生きつづける預言者
——モーセ

浅野順一

旧約聖書を一貫するものは、イスラエル民族（ヘブル人）の出エジプト——すなわち奴隷の境涯からの脱出——の事実とこれに対する解釈である。民族解放のこの歴史的経験は、神の大いなる救いの保証《しるし》として、爾来三千五百年、あらゆる時代を通じてイスラエル人を励まし、聖書を読む人々に力と希望を与えて来た。

この出来事の中心に立つのが、預言者モーセである。聖書の預言者とは、時代を先見する〝豫言〟だけが任務ではなく、神の言《ことば》を預けられ、托された者、即ち神に代って神の言《ことば》を告げる「代言者」であり、同時にまた神と民衆との間に立つ仲立ちの役割を担《にな》って生き抜いた人々のことで

神の名前と人間の救い

渡辺総一（1949〜）〈油彩・2009年〉
海外宣教研修センター（OMSC）蔵
米国ニューヘイブン市・コネチカット州

神の名前はヘブライ語で「エフイエ」。「わたしはある《エフイエ》。わたしはあるという者だ」と、燃える柴の中から神はモーセに告げられた。そういう神が、わたしたち人間の「わたしはある」という主体の回復を可能にするのである。このことを木田献一著『神の名と人間の主体』を通して教えられ、強く感銘を受けた。

この絵は、その神による救いの物語を、出エジプト記をもとに描いたものである。神はモーセを通してイスラエルの民をエジプトから解放した。追ってくるエジプト軍が海に沈められると、民はミリアムに導かれ、歌い踊って神をほめたたえた。

特に十戒の第一戒、「わたしは主、あなたの神、あなたをエジプトの国、奴隷の家から導き出した神である。あなたには、わたしをおいてほかに神があってはならない」を念頭に置いた。

四角の白い形は、神の言葉を象徴し、柴から聞こえる神の声や十戒が刻まれた石板を表している。

ある。

以上、彼らの任務を、モーセの場合で辿ってみよう。

パロの宮廷

ヘブル人はその頃、奴隷としてエジプトにあった。エジプトは人も知る古代の大帝国、文化国であり、遊牧的な流民であったヘブル人は、これに比すべくもない。彼らがエジプトに土着し、増加して行くことは、エジプトの産業によって一面有利ではあったが、また他面、危険なことでもあった。かつての大飢饉に、エジプトの宰相として国の危機を救ったヘブル人ヨセフとの縁故で、彼らがこの国に迎えられたという事情を、もはや「知らない新しい王《パロ》」により、ヘブル人への圧迫が始まった。すなわち人口制限の手段として、出生する男の子は殺してしまえという残酷な命令がそれである。（出エジプト記一章より。以下も主としてこの書による）

そこでモーセも生後三カ月の時、葦《パピルス》の箱に載せて川に流されたが、たまたま水浴びに来ていたパロの娘に助け出されて、その宮廷で成人したといわれている。そもそも「モーセ」という名称自体が、エジプト語で「子」という意味であることに注目したい。使徒行伝によれば、「彼（モーセ）はまれに見る美しい子で、エジプトのあらゆる学問を教え込まれ、言葉にもわざにも、力があった」という。奴隷として酷使されていた同胞ヘブル人から見れば、実に羨《うらや》むべき生い立ちであった。

しかるにある時、この輝かしき環境を捨てねばならぬ事態に立ち到った。それは苦しむ同胞の惨状を見るに見かねて、彼らを鞭打つエジプトの労働管理人を、打ち殺したことに始まる。これはモーセの正義感とも、若気の至りともいうことが出来よう。しかしそこにまた、神の手の隠れた導きがあったとも考えられるのである。

荒野の召命

モーセはパロの殺意を感じ、エジプトからミデアンの荒野に脱出し、その地の祭司リュエル（またの名はエテロ）の家に仮寓《かぐう》し、幸い一家に好遇されて、娘の一人をめとり、一子をもうけるほどであった。おそらく義父の羊の牧者としてそこに滞在したのであろうが、彼はエジプト人になり切れなかったと同様に、ミデアン人にもなり切ることが出来なかった。モーセはおそらく自己の果たすべき任務、己が生涯の意味を探るべく、悶々の日々を過ごしていたことであろう。

ある日羊の群をつれて、神の山ホレブ（又の名シナイ）に登った時、彼が見たものは燃える柴の焔《ほのお》であり、聞いたのは、「モーセよ、モーセよ」と呼びかける神の声であった。この神はエジプトの神でもなく、ミデアンの神でもなく、「アブラハム、イサク、ヤコブ」すなわちモーセの先祖たちの神であることを、神自ら明らかに語っている。神はヘブル人の奴隷の苦悩を見捨てるに忍びず、これを救い出す大使命を、この時モーセに与えたのである。しかしモーセはこれに対して「わたしはいったい何者でしょう」と逡巡《しゅんじゅん》と躊躇をもって答えている点において彼は後世の預言者イザヤよりもむしろエレミヤの心境に近いのではあるまいか。（一〇八頁参照）

しかし神は躊《ため》らうモーセを励まし、ヘブル人救済のために立ちあがらせた。思うに人間は何事も、ただ従うという機械の如きものならば、祈りはない。わが良心に語りかける神の命令は至上のものと思いながらも、なお自らの都合や弱さのために容易に起ち上ることが出来ない、そこにわれわれの心底からの祈りが始まるのではあるまいか。モーセは苦しみながら祈り、そして一歩一歩前進する正直な人間であった。

その時神が自らの名をモーセに語って、「わたしは有って有る者」といわれた。これはどういう意味か？「永遠にある者」とか、「自立する者」とか、「成る者」とかいろいろ解釈があるが、「現実にここに在る者」、モーセの傍にあり、彼を助け励ます者、という解釈が一番妥当であろう。モーセはもはやこの神の前から逃れることができなかった。青年的義憤はここに失せ去り、神よりの大きな使命を担う預言者、そして神の与える運命を歩む者とせられたのである。

十誡をかかげて

モーセの使命達成は、果して容易なるものではなかった。彼は妻子を連れて再びエジプトに下り、まずパロに乞うて、ヘブル人のエジプト脱出の許可を得んとしたが、それは容易ではなかった。一つにはモーセが「口重く舌重き」訥《とつ》弁の人であったためでもあるが、幸い雄弁な彼の兄アロンが、彼の口としてモーセを助けた。しかし言葉のみではパロを説得するに至らず、エジプトに様々《さまざま》の天災が下った結果、パロは最後にやむなく許可を与えたが、砂漠に向って逃れ行くヘブル人を、王はなおも戦車騎兵をもって追跡せしめた。けれどもヘブル人が奇跡的な自然現象の変化によって紅海（文字通りには「葦の海」）を渡り終えた時、エジプト軍は逆巻く大浪に呑みこまれて全滅したことは、よく知られている物語である。

しかしモーセにとっての真の艱難《かんなん》は、むしろその後の四十年にわたる砂漠、荒野のさすらいであった。水を求め、食を求める同胞の飢《き》渇《かつ》を、いかにして癒すか、彼らに敵対する氏族、例えばアマレク等の抵抗を、いかにして打ち破るか、モーセは兄アロン、若者ヨシュアその他に助けられつつ、万難をのりこえてようやくシナイに到達し、そこで神からヘブル人の永遠的な生活の規範、恒久的信条ともいうべき十誡を与えられた（出エジプト記、申命記）。

その十誡――文字通りには「十語」が、聖書で伝えられているように二枚の石の板に、どう刻まれていたかは知る由もないが、これがモーセ自身の宗教の真髄の凝結されたものだということは、疑う余地がないであろう。その第一誡から四誡までは、唯一神に対する良心的宗教のいましめであり、第五～第十は、それにもとづく人間相互の社会規定となっている。人間関係の倫理は、神の存在と支配とを認めてこそ、はじめて確立するものである。神は奴隷として重き苦役に悩んでいたイスラエルを救い出し、彼らに自由の天地を与えた。そのような自由であればこそ、重き責任によって裏付けられねばならぬ。民はその責任を遂行することにより、初めて自由を真に自己のものとする。それが、十誡の示す根本精神なのである。

祈り——孤独の人生に

モーセは百二十歳まで生きたと聖書は記している。この数を文字通り取らなくても、彼の生涯をもし三等分すれば、初めの四十年はエジプトにおける幼・少年期、成年期、次の四十年はミデアンにおける壮年期、次の四十年は砂漠を旅する指導者としての老成期にあたるであろう。

トマス・マンの小説『十誡』は、文学的創作ではあるが、モーセの生涯を『孤独の人』として捉えていることは示唆にとんでいると思う。まことに彼は神と民、人と人との間にあって、たえず労し、嘆き、闘い、祈り続けた孤独な存在であった。同胞《イスラエル》の忘恩や不信、不義に対しては激しく怒り、こらしめ、正さずばやまない熱烈な忠誠と正義の代表者でありながら、神の前にはその罪を執成《とりな》し、わが身に代えてひたすらに民の罪の赦しを請うモーセである。波瀾に富むその一生は、この二面の人間性を、あざなえる縄の如く互いに絡み合わせている。神と語った後のモーセは、民が怖れをいだくほど光を発《はな》つ顔をもって民の前に立ち（三四章）、民のねがいをたずさえて神の前に出ずる彼は、最も人間的な姿であった。

「ああこの民の罪は大なる罪なり……されどかなわば彼らの罪を赦《ゆる》し給え。然せずば願わくは汝の書きしるし給える書《ふみ》の中より、吾が名を抹《け》しさり給え」（出エジプト記・三二章三一―三二）

かくモーセは神を愛し、また同胞を愛した。愛の根本をなすものは正義であり、正義をして真に正義たらしめるものは愛である。正義と愛、審《さば》きと赦《ゆる》しとは、互に緊張の関係に立って初めて両立するが、そこに、孤独に徹した人間の祈りによる仲介が不可欠なのである。

モーセの率いるイスラエルの民衆が、ついに死海の東北なるネボ山に到達した時、それが長い旅路の終りであった。モーセは全会衆《イスラエル》の前で後継者ヨシュアを祝福して、

「心を強くし、かつ勇め……エホバ自ら汝に先だち往き給わん」（申命記・三一章七―八）

と励ました。かくてモーセは民を麓にとどめ、ただ独《ひと》り山路をのぼり、この山に続くピスガの峯からヨルダンの彼方に拡がる肥沃なるカナンの地――やがて民らの住まうべき〝約束の地〟を遥かに望みつつ、そこに生涯を閉じたのである。

「主は彼をベテペオルに対するモアブの地の谷に葬られたが、今日までその墓を知る人はない。モー

セは死んだ時、百二十歳であったが、目はかすまず、気力は衰えていなかった」（申命記・三四章六—七　口語訳）

とある。独り去った彼の死は、まことに寂しき死である。しかしまた羨《うらや》むべき死である。モーセの死後、その墓は知られず、記念碑の如きものも遂に建てられなかったのであろう。だが彼の全生涯において語ったこと、また行《おこな》ったことがそのまま埋没すべからざる記念碑となり、彼は同胞の将来、また諸民諸族の前途を、神によってはっきりと望み見ていたのではあるまいか。「気力は衰えず」を、マルチン・ブーバーは「彼の新鮮さは逃げ去らなかった」と訳しており、更に感銘を深くさせる。

ユダヤ教、キリスト教、回教の三つは、ともにモーセの宗教に起源をもち、モーセの宗教は彼の十誡に根底をおく。すなわち十誡は、古しといえども今日なお人の心をよび醒《さま》して、神の言に耳を傾けさせる真理の力を宿すものなのである。預言者モーセは、聖書を通し、その十誡を通して、今日もなおいきいきと生き続け、語り続けている。

王と農夫
——アハブとナボテの場合

野村　実

権力とわざわい

権力の乱用は人を不幸に陥れる。

他者を支配できる権力をえようとする人間の欲は、ヨハネが戒《いまし》めた「持ちものの誇り」のひとつであり、「父（なる神）から出たものではない」（ヨハネ第一の手紙・二章一六）。権力は大にしては国際間の覇権となり、小にしては、人が人の上に立って振う圧制、暴力となりやすい。

モーセに率《ひき》いられてエジプトを出たヘブル民族は、目指すカナンの地に定住したが、それまで長く遊牧の民であった。かれらは家族同士あるいは支族の間で助けあう連合体をつくっており、共同の敵にあたるときは、士師――さばきつかさと呼ばれた人物が地方的な首長として、ことに処した。士師のなかの有力なひとりであったギデオンが遊牧の民ミデオンに勝ったとき、イスラエルの人たちがギデオンを王にしようとしたが、かれは「わたしはあなたがたを治めることはいたしません。またわたしの子もあなたがたを治めてはなりません。主《しゅ》(なる神)があなたがたを治められます」(士師記・八章二三)と言って辞退したことは、王政は自由を束縛するとするイスラエルの伝統的思想をよく語っている。かれらは王をたてず、神いますことのしるしとされた「幕屋」のみを中心に生活していた。ギデオンが語った右のような王国否定の思想は、人間の支配への反感を含んでいると言われている。

後にイスラエル人の中にも王が立ち、サウルを最初の王としてダビデ以後続く時代が来るが、ヘブル人の王なる者は自力によるのではなく、神にえらばれた者である故に、「膏注《あぶらそそ》がれて」後、はじめて王となるのであった。かれらは「力をもって支配しなかった」と説明されている。

ギデオンの子アビメレクが自分の兄弟七十人を殺して王となったとき、ただひとり身をかくして難を逃れた末の弟ヨタムが王政を批判して言った寓話も、その間の事情を伝えて興味深い。すなわち――森のなかの樹々が、誰か王になってくれないかと、オリブ、いちじく、ぶどうの樹につぎつぎ頼みこむと、みんな自由な生活を謳歌して、他者を支配する役目を負おうとしない。オリブは「神と人とをあがめるためのわたしの油をすててまでは」とことわり、いちじくは「わたしの甘味とよい果実を失いたくない」、ぶどうは「神と人とを喜ばせるぶどう酒をやめてまで王にはならない」と言った。最後にいばらの木だけは承諾し、「わたしの陰《かげ》に難を避けなさい、そうしなければいばらから火が出て、レバノンの香柏を焼きつくすでしょう」と答えている（士師記・九章八―一五）。

いばらの支配によって全土が焼野原となった苦難の歴史は、日本をはじめ世界史に数かぎりない。権力欲に駆られるものはわざわいである。人は権力のいばらをはびこらせず、全ての人にとっての貴重な特権である自由をこそ、何にもまして守るべきものなのである。

おごり

時は紀元前八百五十年ころである。ソロモン王国が王の死後、南北に分裂して、北のイスラエル王国ではオムリ王朝二代目の王として、アハブが父のあとをついでいた。

分裂後の北イスラエル王国は血なまぐさい下剋上《げこくじょう》の革命をくりかえしていたが、第四王朝といわれるオムリ王に至って、イスラエル国としては最強の勢力を誇るまでになっていた。王オムリは隣国と友好関係を結ぶために、フェニキヤのシドンの王でカナン地方の異教バアルの祭司でもあったエテバアルの娘イゼベルを、息子アハブの妻として迎えることにした。

彼女の出身地フェニキヤは、地中海にのぞみ、通商上の利権をほしいままにしており、港町のツロとシドンとは繁栄をきわめ、またバアル礼拝のさかんなところでもあった。そこでアハブ王は妻イゼベルのために、進んで異教の神バアルの祭壇を築き、アシラの像をたてたりした。

彼は先王が首都として建設したサマリヤに住んでいた。そこはイスラエルの信仰の父祖アブラハムが、その昔最初に祭壇を築いたところで、シケルの北西の丘の上にある。サマリヤの名の意味する「見守る」にふさわしく、見張りの塔を備えた要塞でもあった。だが、妻を迎えたアハブ王は得意の絶頂にあり、民とその信仰を守護する王としてのつとめを思いみることもなく、おごる心を抑えるものは、全く何ひとつなかった。一国の王たるおのれの欲するところ、何ごとであれ叶えられる、と信じきっていたのであろう。

野にある誇り

この王の宮殿の近くによいぶどう畑を所有する農夫ナボテが、つつましく暮していた。

彼はエズレル人だが、エズレルはサウルがペリシテと戦って最期をとげたギルボア山の近くにあり、ナボテはモーセが死に臨んでイスラエルの人々を祝福したとき、「天幕にいて楽しみを得よ」と言われたイッサカル支族の出身である。「かれらは国々の民を山に招き、その所で正しい犠牲をささげるであろう。かれらは海の富を吸い、砂に隠れた宝を取るからである」（申命記・三三章一八—一九）といったモーセの言葉が、農にはげみつつヤハウェ信仰をまもる、ナボテの生活を彷彿《ほうふつ》させる。

ところがある日、王のことばがナボテに伝えられた。「あのぶどう畑は王の家の近くにあるから、王に譲って青物畑にさせてほしい。その代り、王はより良いぶどう畑をお前に与えるであろう。もし、望むなら、その代価を金で支払ってもよい」（以下、列王紀上・二一章参照）と。巧言令色、いかにも辞は低く、情理をつくしたようであるが、恐らく使者を遣《つか》わして王者の権威を誇示したことであろうし、王として、おのれの要求はやすやす容れられると、呑んでかかっていたとしか思えない。だが王者ともあろうものが、いかに近くにあるよい畑とはいえ、なぜ野菜畑ひとつを求めようとしたのか。あるいは美しいその妻を手に入れるためにウリヤを求めたダビデ王のように、別のたくらみをうちにかくしていたのではないか、とわたしはかんぐりたくなる。だがアハブ王の的《まと》はみごとにはずれた。

農夫ナボテは、王者の権威をいささかも恐れず、きっぱりと言った、「わたしは先祖の嗣《し》業をあなたに譲ることは、断じていたしません」と。ナボテはモーセを通して、シナイ山で神から命ぜられた「地は永代には売ってはならない。地はわたしのものだからである」（レビ記・二五章二三）との戒めを心におき、又モーセが命じた、「イスラエルの人々は、おのおのその父祖の部族の嗣業を、かたく保つべきだからである」（民数記・三六章七）との遺訓をかたく守ったのである。

人は人がつくった権威をかさにきるだけで、おのれも一介の人なることを忘れる。ナボテは力弱い一農夫にすぎなかったが、王もおのれと同じ一介の人間であり、王の上なる神にこそ、自分はそして万人は従うべきであることを信じて、行動したのである。

王は怒った。一農夫の分際で王の命に叛くとは何ごとかと。王はまた、おのれの権威をふみにじられたように思えて悲しくもあり、「床に臥し、顔をそむけて食事をしなかった」。

王妃イゼベルはこの王のふがいなさを見て、「あなたは一国の王ではないか、起きて食事をして下さい。わたしがナボテの畑をあなたにあげます」と図太い性格をみせる。かの女はかつてヤハウェの預言者を迫害した、したたか者であったのだ（列王紀上・一八章四）。

イゼベルはただちに王の名をかりて手紙を書き、王の印をおして、同じ町に住む長老や身分の尊い人々にこれを送った。いつの世でも長老や身分の高いものは意気地がないものだ。イゼベルの奸計に逆うものはひとりもいなかった。

かれらはイゼベルのことば通りに、「断食を布告し、ナボテを民のうちの高い所にすわらせ、ふたりのよこしまな者に、民の前でナボテを訴えて、『ナボテは神と王とをのろった』といわせた。そこで人々はかれを町の外に引き出し、石で撃ち殺した」（列王紀上・二一章一二―一三）とある。その血は地に流れ、犬がその血をなめたとある。この知らせはすぐにイゼベルとアハブの耳に入った。アハブ王はとくとくと山を下る。

神による勇気

主、ヤハウェはきびしい。神のことばを託された預言者、エリヤは、この一件のために、ただちに王に主のことばを伝えよと命じられる。

アハブは電光石火の主の早業にまず驚き、おのれの罪を覚えるよりも、「わが敵よ、ついに、わたしを見つけたのか」とうろたえる。エリヤはかつてアハブ王の背教を面責し、カルメルの山上で異教神バアルの預言者四百人に、唯ひとりで対決してこれに勝ち、主の名を讃えた勇者である(列王紀上・一八章)。一時王妃イゼベルにおびやかされて逃げのびた弱さも持つ人ではあったが、ひとたび神がともにいませば、アハブ王にとっては最もおそろしい敵であった。

情景はそこで一変した。エリヤが語る主の叱責をきくうちに、王アハブは神の目の前に悪を重ねた事実に目が醒めたのである。かれもかつてはイスラエルの神ヤハウェの僕であったのであろう。「アハブのように主の目の前に悪を行うことに身をゆだねた者はなかった」と記されたほどのかれであったから、悔恨もまたひとしおで、「エリヤの言葉をきいたとき、衣を裂き、荒布を身にまとい、食を断ち、荒布に伏し、打ちしおれて歩いた」と記されている(列王紀上・二一章二七)。かれも弱い人であった。その打ちひしがれた哀れな姿をみた主は、憐れみによってかれをゆるし、かれの代にはわざわいを下されなかった。しかし王妃イゼベルは、悔改めを拒んだ故に主の言葉の通り、のちにエズレルの地で窓から投げ落とされて死に、犬がその肉を喰べたという。

歴史は繰り返す。口には〝平和〟を唱えても、あられもない権勢欲が弱い立場の人間を、なさけ容赦もなく苦しめる事実は、いまも枚挙にいとまがない。多数者の利益を口実に、組織や政治が暴力をふるっている。「有事」のけはいも強い。農夫ナボテの勇気にならう道は、人間のつくる権威をおそれず、おのがじし人間の平等と自由、その尊貴を信じる、主の道を歩む抵抗以外にはない。

主よ語り給え

——わらべサムエルをめぐる黙想（サムエル記上・一章一〜三章二一）

関田寛雄

妻ハンナの嘆き

エフライム人エルカナには、ハンナとペニンナというふたりの妻がありました。正妻ハンナには子がなかったため、子を持つ妾《めかけ》ペニンナに、いつもひけめを感じていました。ペニンナの方は正妻のハンナを憎み、石女《うまずめ》として軽蔑して、これみよがしに夫や子どもたちとの睦み合いの中から冷たい視線を投げるのでした。

イスラエルの家族は年毎に聖所に上り、供物を献げてはそのおさがりを一族郎党で食べて楽しむのが習慣でした（申命記・一四章二二―二六）。しかしハンナにとっては、それは「針のむしろ」に座るような、苦痛の場でしかありません。はしゃぎまわる子どもたちに囲まれて、夫と妾が寄り添い、おさがりが分けられる時の屈辱の思い。「何のために私は生きているのか……」との悶《もだ》え。そのハンナを、夫は決して愛していないわけではありません。むしろ「ハンナよ、なぜ泣くのか。なぜ食べないのか。わたしはあなたにとって十人の子どもよりもまさっているではないか」とさえ言ってくれます。しかし「わたしにとってあなたは……」とは言ってくれないのです。遺産を嗣ぐ子を生まない当時の女（離婚の理由になりうる者）としては、しかたがないのでしょうか。けれどもハンナにとってもっと深い悲しみは、子宝に恵まれない事よりも、自分が神に忘れられてしまったのではないか、という事でした。ハンナの名は皮肉にも「恵み」の意味なのに。（サムエル記上・一章一―八）

祈りの母と子

ある年の宮参りの折、思い余ったハンナは、聖所の奥にしのび入り「主に祈ってはげしく泣いた」のです。問題は、彼女が神に覚えられているか否かです。神の御顧《かえり》みのしるしとして男の子が与えられれば、その子を神に献げるとハンナは祈りました。

その有様は祭司エリの眼にとまり、エリは〝どうか神があなたの求めを聞きとどけられるように〟と、とりなしの祈りをしてくれました。「神の宮の祭司がこの石女の味方になってくれた」これが彼女の希望となりました。神からの使者（祭司もその一人）がこの「不幸な女」の側に立ってくれたこと、これは実に、主イエスが救主として人類のために果された役割を、事前に予示する出来事であったというべきでしょう。「こうして年は暮れ、年は明けた」のでしたが、「その時が巡ってきて」ハンナは男の子を生みました。「主が彼女を顧みられた」からです。「その時」とは、私たちにとっても、常に神の顧みの出来事に他なりません。父でなく母ハンナが、その子の名をサムエル（神の御名）と名づけたところに、彼女の決断がありました。またもや巡ってきた宮参りの日、ハンナは皆と同行せず、サムエルの「乳離れ」までの養育に専心しました。「主の前につれて行っていつまでもそこにおらせ」るために、別離の時を前にして、彼女はどんな思いでサムエルに乳を飲ませたことでしょう。しかしここでも信仰が勝利しました。「その子はなお幼かった」。しかし母と子との間には血肉の直接的つながりを突き抜ける信仰がなければなりません。「成長させて下さるのは神である」（コリント人への第一の手紙・三章六）からです。ハンナは、真につなぐためにこそ、一旦切るのが信仰であることを知っていました。「子たる者よ。主にあって両親に従いなさい」（エペソ人への手紙・六章一）といい得る母になるためでした。無媒介的な血肉だけのつながりは、強いようで弱いものです。

ハンナの信仰は私的、個人的なものではありませんでした。育児に励む彼女は、それがイスラエルに対する神のご計画につながることを信じているのです。「うまずめは七人の子を産み、多くの子をもつ女は孤独となる」というハンナの詩的告白は、「貧しい者を、ちりのなかから立ちあがらせ……王侯と共にすわらせ」（サムエル記上・二章五、八）るという革命的な告白と共になされるのです。育児を幸福論的に考えることは、ハンナには無縁のことでした。家庭とは、使命のためにあるものだからです。それ故、彼女は「彼のために小さい上着を作り、年ごとに」宮参りの時、胸躍らせつつ「それを持ってきた」のです。こまやかな配慮の奥にある使命の意識に注目しましょう。かくてわらべサムエルは主の宮に住み、「主の前で育った」のでした。

「わらべサムエルは育っていき、主にも、人々にも、ますます愛せられた」この句はルカの描く幼な子イエスの成長のことを想起させます。（サムエル記上・二章一九―二六）

老師エリとわらべ

幼いながらもサムエルは、すでに主に仕えることを学び始めました。祭司エリはハンナの手からサムエルを預かり、弟子として教育しました。幼くして母を離れたサムエルに、淋しさが襲《おそ》って来なかったはずはありません。母恋しさに涙をこぼす夜がなかったとはいえません。その孤独の中での成長を、温かく見守っていたのが恩師エリでした。エリはサムエルに、あのイサクの物語（創世記・二二章――前掲）を語ってきかせたかも知れません。愛児を献げよとの神の命令に従ってアブラハムが、モレヤの山に独り子イサクをつれていったこと、それによってイサクが父アブラハムの信仰を学んだこと、そして神の前に「人はひとりである」ことを、エリはサムエルにゆっくりと話して聞かせたのではないでしょうか。

あるいは神の御計画の成就するために召された「口も重く舌も重い」（出エジプト記・四章一〇）モーセのことを語ったかもしれません。六十余万の民衆を約束の地まで導き、自らは「その墓を知る人はない」（申命記・三四章六）ほどに、孤独の中にモアブの谷で死んでいったモーセ、そして人の生はそれで十分であることを語り聞かせたかもしれません。神が人を用い給う時、その人は老若男女を問わず、「石ころからでも、アブラハムの子を起すことができる」（マタイによる福音書・三章九）方として、使者を選び給うことが教えられたことでしょう。かくて「わらべサムエルは、エリの前で、主に仕えていた」（サムエル記上・三章一）のでした。

一方、祭司エリの二人の子は「邪《よこし》まな人々で、主を恐れなかった」といわれています。祭司とその家族は、人びとの供物のおさがりで養われていました。犠牲の肉を煮て、祭りが終った後、肉刺しで鍋から取り上げたものを食べるのです。ところがこの二人はその肉を煮る前に、美味しい上等の生肉をよこすように人びとに要求したのです。それは、〝まず神に献げる〟という祭りの精神にも習慣にも反するから、といって人びとが反対しますと、「くれないなら、力ずくで、それを取ろう」という始末です。あまつさえ彼らは、聖所の入口に勤めていた女性たちと関係してしまいました。

すでに老齢になっていたエリは、どんなに痛む心でこれを嘆いたでしょう。しかしどんなに叱っても、「彼らは父の言うことに耳を傾けようともしなかった」のです。こともあろうに祭司の息子たち、しかも自ら祭司職を勤める者たちによってこうしたことが行われたとは、まさに民族の信仰をおびやかす事件であり、父親エリの心痛は察するにあまりあります。単に祭司の家の面目が丸つぶれだというにとどまりません。全イスラエルの信仰に躓《つまづ》きを置いたのです。息子とはいえ、成人した男たち、親の力も限界があります。祭司をやめさせればよいか。しかし祭司は神によって立てられた職務であり、神の決定に従わねばなりません。

エリは引き裂かれるような思いの中から、弱き者、悲しむ者への目も一層開かれたのではないでしょうか。己が無力さの中で、神に全てを委ねる他ない生を、さらにふかく学んだのではないでしょうか。

祭司の務めが汚されていく中で、エリはますますこの務めの他に立つ場を持たなくなりました。「鞫《さば》きたまえ、主よ、鞫《さば》きたまえ」。それがエリの祈りではなかったでしょうか。主の聖が明《あら》白《わ》にされるために、そこに立たせられているのです。そして神の「汝の家に生れ出るものは、みな剣に死ぬであろう」との預言は、成就しなければならないことを知るのです。（サムエル記上・二章一二―三三）

神のともしび

幼いサムエルは何も知らずに、無邪気に聖所で育っていきました。恩師エリが急速に衰えて「目がかすんで、見ることができなくなり、……へやで寝ていた」のが、彼には淋しくてなりません。ともあれイスラエルの信仰の危機において、神の選びはエリからサムエルへと継承されたのでした。「神のともしびはまだ消えず」（サムエル記上・三章三）とある通りです。ある夜、聖所の奥で寝ていたサムエルを呼ぶ声がしました。エリに呼ばれたと思ってサムエルは、エリのもとに走りましたが、それはエリの声ではありませんでした。このようなことが三度くり返された時、「エリは主（なる神）がわらべを呼ばれたのであることを悟《さと》った」のです。エリに教えられた通りまた「サムエルよ」と声があった時、直ちに彼は答えました。「しもべ聞く、主よ、語りたまえ」と。そしてこの応答のことばは、サムエルの生涯を貫くものとなったのです。神が語り、人が聞くところに、歴史は創造されていくのではないでしょうか。人は神を知ることなくして、歴史の意味を知りません。サムエルはかくして、イスラエルの王国形成という画期的歴史的事業のために召されたのでした。

それにしてもサムエルに臨んだ主のことばの内容は、何であったのでしょう。それは「それを聞く者はみな、耳が二つとも鳴る」ほどの驚くべきことでした。それは篤信の恩師エリの家に対する、神のさばきの預言でした。「エリの家の悪は、犠牲や供え物をもってしても、永久にあがなわれないであろう」ということばは、幼いサムエルに、どんなに大きな衝撃であったでしょう。しかし聴いた通り、「かくさず話してください」という師の声に励まされて、サムエルは全てを語りました。「それは主（なる神のみことば）である。どうぞ主が、よいと思うことを行われるように」。老師エリの徹底した服従のことばに、わらべサムエルは、自分がその道に向かいつつある祭司職とは、また神の聖名《みな》が崇められ、聖旨《みこころ》が成るとは、何を意味するのかを、深く深く学び知ったにちがいありません。（サムエル記上・三章二―一二）

病床という聖所にて

——サムソンを語る

大木英夫

彼女の失明は、糖尿病から来たものだった。二十余年の闘病生活のあと、彼女はついに昨年末、天に召された。四十二歳であった。ある時から彼女は、あれほど避けようと努力した失明の現実を、もう避けようとしないで、それを自分のうちに受容するようになった。それは苦悩にみちた魂の遍歴であったが、最後にはその苦悩を振り切ったような魂の澄明さを感じさせた。彼女の病床は、ひとつの聖所のようになった。

ミルトンの詩によせて

彼女の病床を訪れてわたしはいろいろなことを話す。眼を合わすことは言葉をおぎなうものだが、それがないから、話さねばならない。ある日、わたしはミルトンの『闘士サムソン』について話した。

わたしは、ミルトンについては、自分のピューリタニズム研究の角度から興味をもち、そしてもっぱら、ピューリタン革命関係の思想的論文を読んだ。ミルトンが失明してから書いた三大詩『楽園喪失』『楽園回復』『闘士サムソン』については、ありきたりの理解しかもっていなかった。もしわたしにこの三大詩の理解が深められたとすれば、それはわたし自身、ゆくりなくも彼女の魂の遍歴の同伴者とせられてのことであった。とくに『闘士サムソン』のような悲劇的詩は魂の中に、苦悩によってくり抜かれた空洞をもつ人、その魂の体験的共鳴においてでなければ、本当には理解できないのではないかと思う。

この詩の主人公は、眼を失ったサムソンである。『闘士サムソン』の有名な一節に、

「眼を失い、ガザにて奴隷と石うすをひき
みずからペリシテ人のくびきにつながる」（『闘士サムソン』の引用はみなつたない私訳）

という言葉がある。ここにはサムソンの悲惨が凝縮されている。ミルトンにも体験的共鳴があった。ミルトンもまたサムソンのように、眼を失ったのである。しかも彼が擁護した共和政府は

崩壊し、敵対する勢力の支配のもとに、絶望的日々を過ごしていたのである。ミルトンは、ピューリタン革命（一六四二〜四九）によって樹立されたクロムエルの新政府の外交書記官となり、革命の大義を内外に宣布する大役をになった。そしてその重責を果たすために、残された視力を使い果してしまった。彼は今日でいう網膜剥離のような眼病を患《わずら》っていたのである。完全失明は一六五二年、四十三歳のときだった。そして一六六〇年、共和制は崩壊、王政復古となり、ミルトンの苦難の日々が始まった。これら三大詩は、このミルトンの暗黒時代の中から生まれたのである。

サムソンは、悲劇的英雄である。旧約聖書の士師記一四―一六章にえがかれている。彼は神的力の持主であった。しかし、敵国ペリシテの遊女デリラを愛し、彼女の手引きでペリシテ人にとらえられるのである。士師記の記述は、その誘惑の機微にふれ、今から二千五百年もむかしの文章とは思えない、迫力がある。

そこで女はサムソンに言った、「あなたの心がわたしを離れているのに、どうして『おまえを愛する』と言うことができますか。あなたはすでに三度もわたしを欺き、あなたの大力がどこにあるかをわたしに告げませんでした」。女は毎日その言葉をもって彼に迫り促したので、彼の魂は死ぬばかりに苦しんだ。（士師記・一六章一五―一六）

もしその愛が真実であれば、たしかに二人の間にひとつのかくしごともあってはならない。しかしデリラの愛は、その中に虚偽がなかったか。この不幸な愛のしがらみの中で、サムソンは「死ぬばかりに」苦しむ。

『闘士サムソン』では、デリラは遊女でなく「妻」として登場する。そして夫婦愛の中に、神にさからわしめる誘惑があることを、後悔と怒りとをもってみとめる。ミルトンの最初の結婚は不幸であった。デリラに投げつける言葉は、ミルトン自身の結婚生活における不満の爆発を感じさせ、激痛的である。

サムソンは秘密を打ち明け、デリラに愛されてそのひざに眠る。その時力の源である髪の毛がそり落され、無力と化してペリシテ人にとり押えられる。

そこでペリシテびとは彼を捕えて、両眼をえぐり、ガザに引いて行って、青銅の足かせをかけて彼をつないだ。こうしてサムソンは獄屋の中で、うすをひいていた……。(同・一六章二一)

暗黒の極限

失明の悲しみを、これほどまでに歌いつくした詩を、わたしは他に知らない。ミルトンの濃密な感情移入によって、それはほとんど極限である。

病床の彼女が「先生、もうまっくらになりました」と言ったのを聞いたあと、私はひとりで、それはどんなことかと、眼を閉じてみた。五分間も努力しただろうか。この状態を永久に受けいれるとは、と思うだけで、それは苦痛であった。

「ああ、くらい、くらい、くらい、燃える白昼というのに
回復なく、くらく、皆既日蝕のよう。
ひるの希望はことごとく消え失せた」

この一節は、『闘士サムソン』でもよく知られたところであろうか、T・S・エリオットの『イースト・コウカー』にも変奏されて、

「ああ、くらい、くらい、くらい。みな闇に吸いこまれる」

と歌われている。

しかし、ミルトンがこう歌いえたときは、すでにこの暗黒の地獄を征服したのではないだろうか。というのは、わたしがこの詩について彼女に語りえたのは、彼女がその暗黒の地獄を征服したあとであったからである。

ミルトンがサムソンに共鳴を感じたのは、苦悩者同士・同病相憐むということではなかった。むしろ、その苦悩をのりこえていくサムソンの英雄的な立ち上りが、ミルトンは好きであった。

父マノアは何とかしてサムソンを救い出そうとし、そのためには全財産をはたく覚悟である。しかしサムソンは、その助けよりは、その苦悩を一身に引き受けつつ、別のことを考える。やがてあの力の源である髪の毛がはえてくる。

その髪の毛はそり落された後、ふたたび伸び始めた。(同・一六章二二)

「祈り」の死と生

わたしは、彼女に、「髪の毛に神の力が宿るというのは面白いね」と言った。いろいろ思いめぐらしてから彼女は、「お祈りのことを言っているのでしょうか」と言った。彼女は失明を受けいれてしまってから、宗教的にひじょうに鋭敏となった。人間にとって神の力というのは、「祈り」の中にある、たしかにそうだ、そして祈りは、本当に、髪の毛のように、人間から切りとられやすいものである。神の霊は、ヘブル語でもギリシア語でも「風」を意味する。だから髪の毛のように、その中に風がはいることのできるところに、それは宿るのだ。たしかにサムソンの髪の毛は、彼女の言うように、われわれの祈りに当る。現代の人間は祈りを失っている。祈りを失った人、その人はサムソンのように無力となるのである。

しかしサムソンは力をとり戻した。そしてペリシテの神ダゴンの祭りの日、サムソンは主に呼ばわって言った、「ああ、主なる神よ、どうぞ、わたしを覚えてください。ああ、神よ、どうぞもう一度、わたしを強くして……」と。（同・一六章二八）

このあと、大事件がおこった。士師記はその結末を、

「こうしてサムソンが死ぬとき殺したもの（敵）は、生きている時に殺したものよりも多かった」（同・一六章三〇）

と記している。ミルトンは、このサムソンの壮烈な最期に、失明以前から深い共感をいだいていた。初期の論文『アレオパジティカ』にも、苦境から立ち上り、髪の毛をふるいながら奮闘するサムソンのイメージが出てくる。しかし今、自分自身盲目となり、社会的には逆境という不遇の晩年、ミルトンは再びサムソンをテーマとして壮大に歌ったのである。

ミルトンはこの詩に、悲劇について論じた序文を附した。悲劇には、さまざまな情念から精神を浄化する作用がある。つまり「カタルシス」の働きをもつ、ということを書いている。サムソンも愛欲におぼれ、あの悲惨の中に落ちた。しかし悔い改め、神の力を受けて、再起していく。それは最後的な再起、そしてその死において、その生におけるよりも、もっと大いなることを達成したのである。たしかにサムソンは悲劇的だ。しかしこの悲劇は、人間をあらゆる欲望から解

放し、魂を浄化するカタルシスをひきおこしたのである。
『闘士サムソン』では、このサムソンの最期の報は、メッセンジャーによってイスラエルにもたらされるという形になっている。この知らせを受けたあと、コーラスが歌う。

「すべて最善だ。われらはしばしば最高の知恵なるお方が、
そのはかりがたい御意志をもって、何をなしたもうかを疑う。
しかしその終りは、みな最善と知られる」。
「主はそのしもべらに、この大いなる出来事から、
まことの経験を新しくさずけ、平和と慰めとをもって、
去らせたもうた精神の静けさがある。すべての激情は消える」

彼女の名は村上由喜子さんという。女子聖学院高三のとき病気で中退して、昨年天に召されるまで、ずっと病床生活だった。しかし、それは、たしかに苦痛にみちたものではあったが、決して暗くはなかった。彼女もまたサムソンのように、その「生」においてよりも「死」において、大きな働きをした。家族の心の中に、光をともしたからである。家族みな信仰を受入れた。今、あのコーラスの「オール・イズ・ベスト」（すべて最善）という言葉は、彼女のためにもふさわしいように思えてならないのである。

一びんの油
――ある母子とエリシャ

牧野信次

遊びゐる子を呼寄せて手を握り静かに父の戦死《し》をば知らせぬ

この夏、「昭和万葉集―巻七」を繙《ひもと》くうち、そこに集められた有名無名の多くの方々のなかに図《はか》らずも、信仰を守って生き、今は逝《ゆ》きし旧知の婦人の右の歌を見出し、懐かしさとともに深い感慨を禁じえませんでした。思えば戦争や病気、不慮の事故などによって、夫に父に死別された母と子の家庭が、また心ならずも生別せざるをえなかった家庭が、昔も今もわたくしたちの周囲に沢山あります。人がこの世に生きていくために負わなければならない苦しみや悲しみを、いかに考え、いかに対処すべきかに思いをめぐらしながら、聖書にある一つのドラマを辿《たど》りたいと思います。

債権者の督促

「あなたのしもべであるわたしの夫が死にました。ごぞんじのように、あなたのしもべは主を恐れる者でありましたが、今、債主《さいしゅ》がきて、わたしのふたりの子供を取って奴隷にしようとしているのです」（列王紀下・四章一）。この物語は、貧困に陥った一人の寡婦《やもめ》の窮迫の様子を紹介するところから始まります。彼女は「預言者のともがら」すなわち預言者集団の一人の妻でしたが、その夫の死とともにほとんどすべての富を失ってしまいました。彼女の名も、その夫の名も正確に知ることはできませんが、ユダヤの伝説によれば、その夫はアハブ王の家づかさオバデヤであったということです（列王紀上・一八章三以下）。オバデヤは深く主（なる神）を恐れる人で、王妃イゼベルが主の預言者――神の言を預かり告げる人――を断ち滅ぼした時、百人の預言者を救い出して五十人ずつほら穴に隠し、パンと水をもって彼らを養ったのです。このイゼベルは異教の国フェニキアから嫁入りし、イスラエルにバアルの神々を持ち込んだがために、イスラエルの神、主の信仰を純粋に保持しようとした当時の預言者たちと激しく対立した女性でした。

この寡婦の夫は、生前このように密《ひそ》かに預言者たちに援助の手を差し伸べたがために、多くの負債を残したまま死んでしまったのかもしれません。彼女は明らかにその持ち物のすべてを売り払ってしまいましたが、それだけでは負債を返すことができなかったのです。その夫は神の御業《みわざ》のために生き、そして死んだにもかかわらず、債権者が容赦なく来て、慎ましやかな家の戸を激しく叩いて、「負債を返せ、さもなければ二人の子供をかたにとって奴隷に売りとばすぞ」と脅迫しているのです。

その時代

いったいこの物語の背景である時代はどういう状況だったのでしょうか。ダビデ、ソロモンによって繁栄を誇った統一王国は、ソロモンの死後、北イスラエルと南ユダとに分裂し、南北両王国ともにかなりの相違を示しながらも、大きな社会的変動に見まわれていました。王国以前の時代には、イスラエルの土地は本来神の土地であり、それがイスラエル人に分け与えられたものと考えられましたが、王国成立によって王の私有地が生じ、王は王領の拡大とともにその臣下に土地を分け与えた結果、王に近い上層階級（主として役人層）は大土地所有者となり、都市に居住して、地方を経済的に支配するようになりました。こうして次第に都市貴族が生まれ、そのある者は大商人になりました。反面土地を失った貧民や債務奴隷が生じ、国家の経済的発展の時期に、富者と貧民の隔たりが顕著になっていきました。

北イスラエルでは殊に宗教混合の度が深まり、ここにエリヤ、エリシャなどの預言者たちが出現せざるをえなかったのです（紀元前九世紀半ば頃）。

神の人

この寡婦の家の戸を激しく叩く音が響いている時に、もうひとつの声がこの物語に登場します。それは預言者エリシャの声です。エリシャとは「神は救いである」という意味です。彼の預言者としての活動は、アハブ王からヨアシ王にいたる六代の五十年以上の長期にわたっています。裕福な若い農民の子であったエリシャは、牛とともに地を耕していたときに、「預言者エリヤが彼の傍らを通り過ぎて外套を彼の上にかけた」ので、直ちに家と家族を捨ててエリヤの後を追い、そして仕えました（列王紀上・一九章一九以下）。

エリシャはエリヤの預言者的伝統を継承しますが、決して師の孤高の偉大さを越えようとはしませんでした。モーセ以来のイスラエルの神の道徳的意志を強烈に説くことも、決して十分ではありませんでした。けれども彼はもっと心安い人間的な慈愛に富んだ人物であり、「預言者のともがら」の頭として、友また助け手として民衆の中に生き抜きました。また貧しい者に乞われれば気安くどこにでも足を止めました。彼はその働きの中に全力をこめて自らを投げ出すことができました。

高価な油

エリシャは今生活の困難に直面して訴えるこの寡婦に言います、「あなたのために何をしましょうか。あなたの家にどんな物があるか、言いなさい」。そこで彼女は答えます、「一びんの油のほかは、はしための家に何もありません」（列王紀下・四章二）。この「一びんの油」とは油の小びんのことであって、それはオリーヴの油を入れる容器でありました。決して大きなものではなくむしろ小形のものでした。しかしこの一見ありふれた土の器にも似た小びんの油が、高価な油であろうとは誰が知りましょう。

家中の家具という家具はすべて持ち去られ、夫の死が見舞って以来、債権者の厳しい取立によって明らかにすべてのものが売り払われてしまったのでした。旧約聖書にはイスラエル人は落ちぶれて身を売った仲間を、何としてでも買い戻さなければならない、という、神の民の「贖《あがな》い」の掟《おきて》があります。「あなたの兄弟が落ちぶれ、暮して行けない時は、彼を助け、寄留者または旅びとのようにして、あなたと共に生きながらえさせなければならない……」（レビ記・二五章三五以下）。また寄留の他国人、孤児、寡婦に対しては過酷な振舞をしてはならないと、彼らの生きる権利を保証するようにと戒められていました。しかしこのような誡命《いましめ》が存在したということは、実際には悲惨な、苛酷な現実があったということを示すのではないでしょうか。

溢れる恵み

エリシャはそこで言います、「ほかへ行って、隣の人々から器《うつわ》を借りなさい。あいた器を借りなさい。少しばかりではいけません。そして内にはいって、あなたの子供たちと一緒に戸の内に閉じこもり、そのすべての器に（註・あなたのびんから）油をついで、いっぱいになったとき、一つずつそれを取りのけておきなさい」（列王紀下・四章三―四）。彼女は言われた通りにします。すべての器に油が満ちた時、彼女は言いました、「もっと器を持ってきなさい」。子供が「器はもうありません」と言ったので、油はとまった、とあります。

わたくしたちは、その日彼女が二人の子供たちを近所中に走らせて、空の器を借りて来させ、彼女自らの手で「一びんの油」を子供たちの差し出す器に満たしてゆく有様を活き活きと想像することができます。「一びんの油」は、彼女の許に最後に残ったものでしたが、彼女がエリシャによって告げられた神の御言葉《みことば》に従ってそれを十分に用いたとき、そこから思いがけずも溢れるような恵みが湧き上ったのであります。

人の目には絶望的に思えるどんな窮状も、貧しい家の片隅に取り残された僅かな油も、実は神の自由な恵みの豊かさを引き出す、神の愛の源泉であったのです。エリシャが油注ぎの場に居合わせないことも、この恵みが人のいかなる技巧にもわざにもよらず、ただ神のみ力にのみよるものであることを表わすのです。わたくし達はここであのガリラヤのカナの婚礼でイエスが現わされた最初の奇跡を思い起こすでしょう。

「イエスは彼らに『かめに水をいっぱい入れなさい』と言われたので、彼らは口のところまでいっぱいに入れた。そこで彼らに言われた、『さあ、くんで、料理がしらのところに持って行きなさい』。すると、彼らは持って行った」(ヨハネによる福音書・二章一―一二)。

イエスの言葉によって運ばれたごくありふれた水は、いつの間にか芳醇なぶどう酒に変わっていました。溢れる恵みは、この奇跡によってその栄光を現わされたキリスト御自身でありました。あの寡婦が注いだ「一びんの油」は、イエス・キリスト御自身なのではないでしょうか。わたくしたちは救主であるキリストをわたくしたちの家の片隅に忘れて、わたくしたちの生活に、何の足しにもならないものと思っていはしないでしょうか。しかしキリストは、わたくしたちがこの物語のように、何の虚飾もなく、空の器のようになるならば、その時に豊かに働いて下さるのです。油が小さな器からどんどん溢れて家中の器をみたしたごとく、キリストの恵みも心ひくくそれを求める者に対して、尽きることはありません。

残りで暮す

この物語は素晴らしくまた興味ある余韻をもって終わります。あの寡婦がエリシャのところにきて事の次第を報告しますと、彼は言います。「行って、その油を売って負債を払いなさい。あなたと、あなたの子供たちはその残りで暮すことができます」（列王紀下・四章七）。彼女は「一びんの油」が、〝神の人〟を通じていや増して与えられ、その油を売って負債を支払うのに十分なほどあり、しかもその残りで暮して行くことができることを発見して、どんなにか驚き感謝したことでしょう。神はたんに彼女の現在の求めを満たすだけでなく、残りの油をもって、彼女とその子供たちの生活が安全に導かれるように、その前途に備えられるのです。

　貧しい民衆の想像力の中に、このような出来事が、驚きをもって語り伝えられて来ました。聖書の物語る奇跡は、わたくしたち自身の人生の真実のなかに、いまも隠されています。わたくしたちが神のことばに従ってその真実を生き抜くなかで、奇跡は厳粛な事実として現われてくるのです。

わたしは、むかし年若かった時も、年老いた今も、正しい人が捨てられ、あるいはその子孫が、食物を請《こ》いあるくのを見たことがない。（詩篇・三七篇二五）

――本書に登場する人物を中心とする旧約のイスラエル史――

■族長時代（紀元前一九世紀から一四世紀）。族長アブラハムは、神の命令によって、メソポタミアからパレスチナに移住し（彼の甥ロトも同行）、神から、多くの国民の父となり、祝福の基となるという約束を受ける。彼は、信仰の父と仰がれるほど信仰に生きた。アブラハムの老年の時の子イサクは、父の故郷からリベカを妻として迎える。イサクの子ヤコブは、神からイスラエルという名を与えられ、それを一族の名とする。やがてその一族は、ヨセフ（ヤコブの子）が宰相となっていたエジプトへ紀元前一七〇〇年頃移住し、繁栄する。しかし、エジプトの王朝の交替によって、民族は奴隷の苦役を味わうようになった。

■出エジプトとパレスチナ征服時代（紀元前一三世紀から一二世紀）。エジプトで苦しみを受けるイスラエル民族のために、シナイ山で神からの召命を受けたモーセが立ち上がる。モーセは、拒絶するエジプトの王の前で、様々な奇跡を行ない、ついに民族をエジプトから脱出させ、約束の地であるパレスチナへ導いていく。その途中、十誡に代表される立法が与えられるが、イスラエルの度重なる不服従によって、四〇年の荒野の放浪を余儀なくされた。しかし、ついに目的地にたどり着くが、モーセは死に、その後継者ヨシュアによって民族定着の事業が遂行されていった。

■士師時代（紀元前一二世紀から一一世紀前半）。ヨシュアの死後、イスラエル民族は、純粋な神信仰を失い、またペリシテ人という強力な外敵によって危機に瀕した。その時、指導者また正しい信仰の復興者として、多くの士師が立って国難に当たった。サムソンはその代表的人物で、超人的力を持っていたことで知られる。サムエルは、この時代の終わりから次の王国時代にかけて、大きな役割を果たした。彼は、母ハンナの熱烈な祈りによって生を受け、祭司エリのもとに預けられ、そこで預言者（神の言葉を語る）となった。

■王国時代（紀元前一〇五〇年頃から五八六年）。サムエルは、人々の求めに応じて、初めサウルを王として立てたが、神の意志に従わないのを見て、ダビデを王として立てた。サウルの死後、ダビデは王国の建設事業を着々と進め、外敵を駆逐し、繁栄の基礎を築いた。彼はまたすぐれた信仰者でもあり、後世理想の王として慕われ、彼の子孫からメシヤ（キリスト）が出るという信仰もイスラエルの中に根づいた。しかし、その彼にしても完璧な人間だった訳ではなく、ウリヤの妻バテシバに横恋慕し、ウリヤを死に至らしめて、彼女を自分のものにしたことはよく知られている。ダビデは、預言者ナタンの言葉でその罪に気づき、深く悔い改めた（詩篇五一篇はその時の彼の歌と伝えられる）。また、晩年は息子アブサロムの反逆という憂き目にも出会う。しかし、いずれにせよ、ダビデによって王国の基礎が固まり、次のソロモンの時、神殿と王宮が建てられ繁栄の極に達した。

ソロモンの死後、王国は北王国イスラエルと南王国ユダに分裂した（紀元前九二二年）。北王国では、クーデターが相次ぎ、不安定な状態が続いた。アハブは紀元前九世紀半ば頃の王で、その妻イゼベルと共に異教に走り、ナボテのぶどう畑の挿話に見られるように、暴虐の限りをつくした。この時、預言者エリヤが現われ、真の神は主である事を示した。エリシャはエリヤの後継者。北王国は、紀元前七二一年にアッシリアに滅ぼされる。

一方、南王国は、ダビデ王朝が続き、傑出した王も現われたが、ついに紀元前五八六年バビロニアによって滅ぼされ、多くの人々はバビロンへ引かれて行く（バビロン捕囚）。エレミヤはその前後の時代に現われた預言者で、民族の罪を告発し、滅亡を預言した。

以後、バビロンでの苦難の時代（苦難を主題とするヨブ記はこの時代に属する）、解放とエルサレム帰還、ユダヤ教成立を経て、イエス・キリストの登場に至る。

山岡　健・記

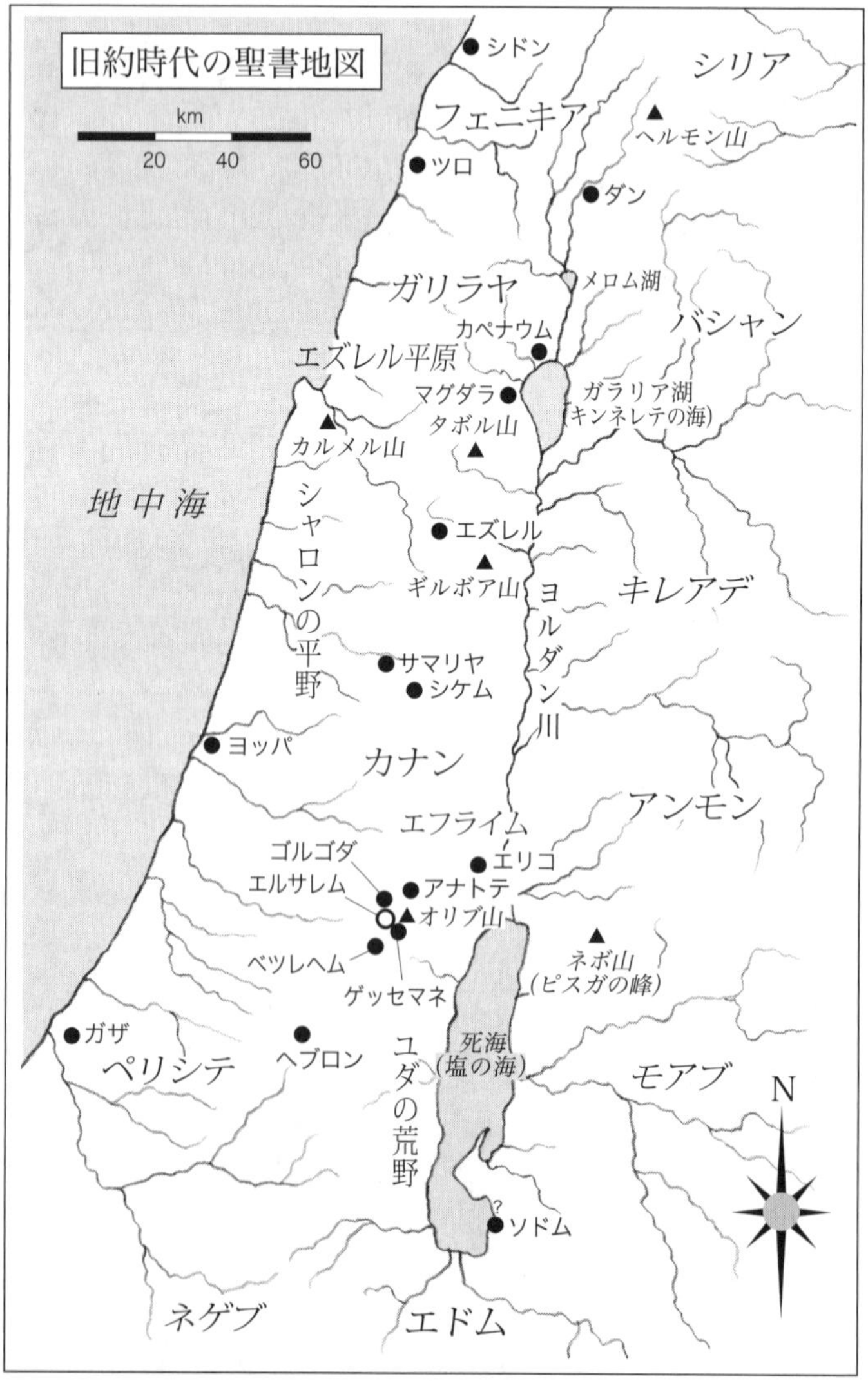
旧約時代の聖書地図
km
20 40 60
シドン
シリア
フェニキア
ヘルモン山
ツロ
ダン
ガリラヤ
メロム湖
バシャン
カペナウム
エズレル平原
マグダラ
ガラリア湖
(キンネレテの海)
タボル山
カルメル山
地中海
シャロンの平野
エズレル
ギルボア山
ヨルダン川
キレアデ
サマリヤ
シケム
ヨッパ
カナン
アンモン
エフライム
ゴルゴダ
エリコ
エルサレム
アナトテ
オリブ山
ベツレヘム
ネボ山
(ピスガの峰)
ゲッセマネ
ガザ
ヘブロン
死海
(塩の海)
ユダの荒野
ペリシテ
モアブ
N
?
ソドム
ネゲブ
エドム

旧約III 苦悩をこえて

〝あなたがその人です〟
——ダビデ王とナタンの直言

三井　明

ダビデは名もない羊飼いの少年であったが、ペリシテ人の巨人ゴリアテに悩まされるイスラエル同胞を見て、獅子を追うように石投げで彼を倒し、大勝利をもたらした。それによってダビデはイスラエルの初代の王サウルに見出され、はからずも王座に仕える身となり、やがて二代目の王となる。このダビデは、その深い信仰と偉大な業績の故にイスラエル国民から絶大の尊敬をうけた。しかし、そのダビデが、あろうことか部下の軍人ウリヤの妻バテシバに迷って、大きな罪を犯し、その生涯に拭うことのできない汚点を残したというのである。このできごとをめぐって、彼の信仰と罪とその悔改めについて学びたい（サムエル記下・一一—一二章）。

神を畏れて

ダビデは、サウル王の配下にあって、かずかずの目覚しい戦果をあげた。

強敵ペリシテ人を撃破して凱旋してきたサウル王を迎えた民衆は、「サウルは千を撃ち殺し、ダビデは万を撃ち殺した」と歌いかわしたほどである。神への背信行為によって当時、すでに神に見捨てられて、衰退期にあり、悪霊に悩まされて絶望的になっていた王にとって、若さに輝き、神に恵まれ、衆に慕われるダビデは、たちまち嫉妬の的《まと》となり、もはや生かしておくことのできない存在となった（サムエル記上・一六―一八章）。

ダビデは王の手を逃れようと、山野をさまよう身となったが、そういう中にも、彼はサウルを、〝神の立て給うた王〞として尊ぶことをやめない。

自分を殺そうとして追い迫ってきたサウルの生命を掌中にしたことが、二度までもあり、従者たちは、いまこそ神があなたの敵をあなたに渡したのですから、殺してしまいましょうと勧めても、ダビデはこれを拒否し、「主（なる神）は生きておられる。主が彼を撃たれるであろう。主が油を注がれた者に向って、わたしが手をのべることを主は禁じられる」といって、サウルを神の手に委ねた（同・二四章一―七、二六章六―一二）。サウルは、ほどなくペリシテ人との戦いに敗れて討ち死にした。

権力と欲望

今やダビデは、全イスラエルの王として立てられ、ペリシテ人らの外敵を撃ち破り、その王国は確立して行った。ダビデは、もはや自ら軍を率いて戦場に行く必要もなくなったのだろうか。ある年の春、アンモン人との戦いに、総司令官ヨアブに全軍を率いて出陣させ、自分はエルサレムにとどまっていた。

全軍の激戦をよそに、安逸《あんいつ》を貪《むさぼ》っていたダビデの心の隙に、悪魔が忍び込んだのか。――ある日の夕暮、ダビデは王宮の屋上から、ひとりの非常に美しい婦人の湯浴《ゆあ》みする姿を見て、すっかり心を奪われてしまった。早速調べさせると、軍人ウリヤの妻バテシバとわかった。ウリヤが出征中であったのを幸いと思ったのか、ダビデは、バテシバを連れてこさせた。当時の専制君主にとって、それ位のことは何でもないことだったのだろう。

ダビデは平素、神を畏れる人だった。自分の命を求めて追い迫る王を仆す絶好の二度の機会にも、一指だにふれなかったのはそのためである。「汝は姦淫してはならない。隣り人の妻をむさぼってはならない」という十誡の戒めは、神の絶対的な命令として、ダビデの良心に迫ったにちがいない。しかし、バテシバに対する情熱に燃えるダビデは、自分を抑えることができなかった。――欲望に支配され、そして姦淫の罪を犯した。しかもひとたび神の戒めに背いたダビデは、罪のどん底にまで転落してしまう。罪は罪を生むのである。

バテシバが妊娠したことを知るや、ダビデは、悪だくみをもってこれを覆い隠そうとした。前線からウリヤを呼び返し、宴を設けて労をねぎらったうえ、バテシバの待つ自宅に帰ってやすむようにいった。ウリヤにとって、どんなに嬉しいことだったろう。しかし、ウリヤは立派だった。総司令官ヨアブ以下全軍が戦場に野営しているのに、どうして自分ひとり家に帰って飲み食いし、妻と寝ることができましょう。そう言って自宅に帰らず、王宮の門口に寝た。こうしてその企《たくら》みが失敗したのを知ったとき、ダビデは非道にも、この忠誠な部下を殺してしまうことを決意した。——王を敬い彼に忠誠を尽すダビデを、王位をおびやかす者として抹殺しようとした、あのサウルの罪を、今やダビデ自らが犯す身となった。

罪は罪を

ダビデは総司令官ヨアブに、「ウリヤを激しい戦いの最前線に出し、彼の後から兵を退《ひ》いて、彼を討ち死にさせよ」という手紙を書いた。そしてこの手紙を、冷酷にも、何も知らないウリヤ自身に持たせてやった。ヨアブは、その命令の通りに実行し、ウリヤを戦死させた。もはや邪魔者はいなくなった。ウリヤの喪の明けるのを待って、バテシバを迎えたダビデは、これで万事うまく行ったと思ったに違いない。しかし、ダビデがなしたこの事は、主(なる神)をいたく怒らせた、と聖書はいっている（サムエル記下・一一章二七）。
こういう悪事が、誰にも知られずに済むはずがない。けれども、王に対してあえてこれを戒《いまし》める者は、側近にも国民の中にもいなかった。この時立ったのが、神の言を告げる者、預言者ナタンだった。彼はダビデにこう語りかける。

——ある町にふたりの人があって、ひとりは富み、ひとりは貧しかった。富んでいる人は非常に多くの羊と牛を持っていたが、貧しい人は、自分が買った一頭の雌の小羊のほかは、何も持っていなかった。その小羊を、彼は娘のように可愛がって育てていた。時にひとりの旅人が、その富んでいる人の家に客となった。富んでいる人は、その客のために、自分の牛か羊の一頭を調理することを惜しんだ。彼は貧しい人の可愛がっていた小羊を取ってこれを調理し、自分の客をもてなした。——

この話をきいたダビデは怒って、そのようなことをしたその人は死ぬべきである。また小羊は四倍にして償わなければならない——と宣言した。ダビデは、この話が、他ならぬ自分自身のしたことを指していることがわからなかったのである。人は、他人の事については、正しい判断を下すことができる。けれども、自分のしていることが、どういうことなのかが容易にわからない。ことに権力の座にある者は、とかく権力に傲《おご》り、権力に溺れ、自分の不正不義に対して盲目

永遠なるもの、それは愛

上野泰郎（1926～2005）〈日本画・1993年〉
世田谷美術館蔵

旧約聖書と新約聖書を貫くものは、神の愛ではないだろうか。

この作品からわたしは、人のさまざまな生きる姿を通して、そこに神の愛が注がれていることを感じさせられる。

上野泰郎の生涯のテーマは人の形であった。教会学校で、人は神の姿に似せてつくられたと教えられた上野は、絵画を通し人の喜びや悲しみ、悩みや愛の姿を描こうと、一貫してこのテーマを追い続けた。そして、筆は使わず絵具を手につけ、体全体をぶつけるようにして描いた。

服をまとわない人の形は、人間の本質的な姿を表現しようとしたからだ。同時に、人間の営みに注がれる、神の慈しみと憐れみを描いたのだと思う。

上野は東方正教会のイコンに敬意を払った。それは、絵はうまく描こうとするものではなく、描く者の祈りをこめた心が大切なのだ、という考えに基づいている。

となるものだ。そのような例は今日の世においても枚挙にいとまがないといえないであろうか。

弱者から唯一最愛の羊をうばってわがものとした横暴な富める人に、〝死罪〞を命じたダビデに対して、ナタンは直ちにいう。

「王よ、あなたがその人です」と。この一語は、ダビデの胸を突き刺した。専制君主に、面と向ってこのような直言をすることは、死を招くに相違ない。しかし、神から遣わされた預言者ナタンは、厳然としてダビデを糾弾し、叱責したのである。

ダビデは愕然とした。今まで心に咎めを感じながらも、誰からも何もいわれないのをいいことにしてきたダビデは、今、自分のしたことが、神に対して覆うべからざる罪を犯したことだと覚《さと》ったのだ。「わたしは主に対して罪を犯しました」と、彼は率直に、苦悩をもって告白した。私たちの犯す罪は、決してただ、人を傷つけ害するだけのことと見るべきではない。それは神が〝神のかたちに創造された〞(創世記一章) 人間の尊厳を犯し、神に逆うことなのである。私たちは謝罪のことばとして、しばしば「ご迷惑をかけました」というが、「私の犯した罪を、神よ、赦して下さい」とはいわないのである。戦争責任についてもそのようである。

ざんげの詩——神の前に

私たちにとって、何よりも大切なことは、私たちの犯す全ての罪が、神に対する罪であることを認識し、神に対してその罪をざんげし、ゆるしを乞うことなのである。このことなくして、人間は本当に罪から救われる――解放される――ことはできない。ダビデは、もちろんウリヤに対して申し訳ないことをしたと思っていただろう。しかしナタンの直言にあって、彼は自分が神の前に何者であるかと自覚させられ、心底からざんげをしたのである。人は神の前に赤裸々に立つことによってのみ自己を正され、他者との関係を正すことが出来るのである。彼の犯した罪は、彼がどんなことをしても、償うことはできない。彼は、ただ神のみ前にひれ伏して赦しを乞うほかなかった。

絶望のどん底にあって、なお、彼は神の赦しを信じて祈った。その祈りが詩篇五一篇にうたわれている。この詩の一篇にこそ、私は信仰の人ダビデの真面目《しんめんもく》を見る思いがする。彼を支え、彼を不朽ならしめたものは、王位にも富にもまして、実にこの人間性の真実である。

ダビデがバテシバにかよいしのち、預言者ナタンの来れるときよみて、伶長《うたのかみ》にうたわしめたる歌

ああ神よ　ねがわくはなんじの仁慈《いつくしみ》によりて、我をあわれみ、なんじの憐憫《あわれみ》のおおきによりて、わがもろもろの愆《とが》をけしたまえ、わが不義をことごとくあらいさり、我をわが罪よりきよめたまえ。

……………………

なんじヒソプをもて我をきよめたまえ、さらばわれ浄《きよ》まらん。
我をあらいたまえ、さらばわれ雪よりも白からん。
なんじ我によろこびと快楽《たのしみ》とをきかせ、なんじが砕《くだ》きし骨をよろこばせたまえ。
ねがわくは聖顔《みかお》をわがすべての罪よりそむけ、わがすべての不義をけしたまえ。
ああ神よ　わがために清《きよ》き心《こころ》をつくり、わが衷《うち》になおき霊をあらたにおこしたまえ。
われを聖前《みまえ》より棄《す》てたもうなかれ。汝のきよき霊《みたま》をわれより取りたもうなかれ。
なんじの救《すくい》のよろこびを我にかえし、自由の霊《みたま》をあたえて我をたもちたまえ。
……………………
神のもとめたもう祭物《そなえもの》はくだけたる霊魂《たましい》なり。
神よ　なんじは砕けたる悔《く》いしこころを窺《かろ》しめたもうまじ。
（詩篇・五一篇一―一二、一七―一二、一七）

〝わが子よ　わが子よ〟
――アブサロムの死とダビデ

ペテロ・ネメシェギ

「わが子アブサロムよ。わが子、わが子アブサロムよ。ああ、わたしが代って死ねばよかったのに。アブサロム、わが子よ、わが子よ」

息子アブサロムの死の報に接して泣き崩れたダビデ王が発したこの叫びは、確かに聖書の中で最もドラマティックな言葉の一つである。ダビデがこの悲しみのきわみを表わす叫びを発した時の事情を考えると、それはいっそう印象深くわたしたちの心に迫ってくる。すなわち、ダビデがこの叫びを発したのは、自分から王権を奪い取ろうとし、いのちをねらい、大軍を率いて攻めてきたアブサロムの軍にダビデ軍が勝ち、息子アブサロムの戦死を伝えられた時なのである。

「わが子アブサロムよ。アブサロム、わが子よ、わが子よ」（サムエル記下・一九章四）

このような劇的《ドラマティック》な結末に終った事件は、いったいどのようにして始まったのであろうか。

毒草が芽ばえる

事件の種がまかれたとき、ダビデはすでに、全イスラエルの王として君臨していた。当時の習慣に従い、王には多くの妻妾があり、彼女らから多くの子どもが生まれた。長男の名はアムノンで、次男は若くして死んだようであり、三男は「ゲシュルの王タルマイの娘マアカの子アブサロム」（サムエル記下・三章三）であった。同じ母から、さらに、アブサロムの美しい妹タマルが生まれた。

さて、ドラマ全体の出発点となったのは、長男アムノンのタマルに対する恋であった。当時腹違いの兄弟の間の結婚も許されていたようであるが、アムノンの恋は、結婚をめざすようなものではなかった。彼は色欲の強い男で、美女タマルと肉体関係を結ぶことだけを考えている。彼はある日、病気を装《よそお》い、おいしい食事を作って持ってくるようにタマルに乞い、部屋に二人だけになるのを待って、彼女の必死の抵抗にもかかわらず、力ずくでタマルに暴行を加えた。それのみではない。色欲を満足させたとたん、アムノンにとってタマルはもはや興味のない女になり、かえっておそろしい憎しみの対象にさえなってしまう。そうして、はずかしめられた自分を正式にめとるようにと願っている彼女を、残酷にも手荒く追い払うのである。

ダビデ王はこの事件を聞いて激しく怒ったが、長男のことでもあるせいか、彼を罰することもせず、タマルに加えられた不正と侮辱を償わせることもしなかった。ここでダビデの弱さが現われる。自分でも情欲にもろかったダビデ（前掲）は、息子のこの点での過失を、甘く見のがしたのかもしれない。

毒草が、中庭を掩う

しかし妹タマルに対するはずかしめを、その実の兄アブサロムは、忘れることができない。彼の心の中に、その日から兄アムノンに対する消しがたい憎しみが生じ、また同時に、無策の父に対する怒りの種もまかれた。

アブサロムは二年間、その憎しみをひとり胸のうちに育てていたが、ついに復讐の機会を得た。彼は王の息子たちを皆、自分の家で催される祝いに招き、そこでアムノンが酒を飲んで酔ったときに、家来たちに命じて彼を殺させてしまう。長男殺害のしらせを聞いたダビデは、激しい悲しみに襲われるが、アブサロムは王の怒りを恐れて、祖父タルマイのもとにのがれ出た。

ダビデは四年間、アブサロムがエルサレムへ帰ることを許さなかった。しかし死んだ長男の記憶は、ダビデの心の中でだんだんに薄れていった。アムノンは死に、彼をもはや生き返らせることはできない。しかし、りっぱな美男子のアブサロムは生きているではないか。そこでダビデは次第に、この息子との再会を望み始める。司令官ヨアブは王の気持を察し、和解をとりもった。

王は初めはアブサロムがエルサレムに帰ることを許すだけで、再会をさらに二年間延期した。ヨアブの再度のとりなしにより、ついに父と子の和解が行なわれ、「アブサロムは王のもとにきて、王の前に地にひれ伏して拝した。王はアブサロムに口づけした」（同・一四章三三）。父ダビデにとっては、この和解は心からのものであったが、アブサロムの方ではそうではなかった。父に対する怒りは、あまりにも長い追放の間に、彼の心の中でますます激しくなり、消しがたい憎しみにまでなっていた。色欲にかられた兄が妹を犯し、弟が兄を殺し、子が父に対していやしがたい反目の情をいだくという家庭内の不和は、次第に国全体の平和を乱すまでになって行った。

毒草は、地面一ぱいに広がる

エルサレムにもどったアブサロムは、父の信頼を裏切って、たくみに反逆を準備する。彼はそのために、北イスラエルの諸部族と、ダビデの属したユダ族の間のひそかな対立を利用した。アブサロムは父ダビデが、北イスラエルの諸部族に属する人々を正当に取り扱っていないと言いふらし、自分が政権を取れば、一切の不正がいやされるであろうと人々に約束した。そして機が熟すのを待ち、アブサロムはエルサレムを離れ、ヘブロンの町で自分を王と宣し、ダビデを倒すために、エルサレム攻撃に向かった。

ダビデにとって、これは全く予想外のことで、たとえ仲たがいの時期があったにせよ、心の底ではつねに自分のふかく愛している息子のそのような反逆など、夢想だにしていなかった。王は少数の忠実な臣下だけを率いてエルサレムをのがれ出で、入れかわって息子アブサロムは首都エルサレムへ、堂々と入城する。こうして、アムノンによる暴行の罪、アブサロムの残酷な仇討ち、さらにダビデの気弱さのために、悪は次々となだれのように彼らに襲いかかり、大きな混乱に導いた。その果てに、いま息子は、父親のいのちそのものをねらう。預言者サムエルが、かつて神の命令に従って塗油(王権を委ねることのしるし)した王は、みじめな姿で聖なる都から逃げ出さざるを得ない。イスラエルの民は、神によって選ばれたその王を殺そうとして、アブサロムと共に戦いをいどむのである。

毒草は、根こそぎにされる

しかしこの時点で、アブサロムは致命的な失敗を犯した。逃げゆくダビデをすぐに追わず、時をかけて大軍を集結する。その間にダビデの兵も、十分な飲食物を得、決戦に備えたのである。

ダビデ王はいつものように軍を率いて戦いにのぞもうとしたが、兵士たちの勧めで安全な場所にとどまり、司令官ヨアブが、軍を率いて出陣した。

ダビデ王は兵士たちに、「わたしのため、若者アブサロムをおだやかに扱うように」と切なる願いをのべる（同・一八章五）。

エフライムの森で交わされた決戦は、短いものであった。戦い慣れたダビデの兵士たちの猛攻を受けて、アブサロム軍は徹底的に敗北した。ひとりろばで逃げたアブサロムは、森の中の大きなかしの木の茂った枝に頭をかけて宙吊りになり、ろばが走り過ぎていく間に、追ってきたヨアブによって、情容赦なく殺される。兵士たちはその死体を穴に投げ入れ、その上に大きな石塚を積みあげた。

それで、解決したか

こうして反逆者アブサロムは滅んだが、人はこの結末を見て——チャンバラ映画で悪人が英雄によって斬られるのを見て感じるような——浅薄な満足感を味わうことはできない。それは父親ダビデが示した、意外な態度のためである。使者が合戦の勝利とアブサロムの死を知らせたとき、ダビデの反応は驚くべきものであった。勝利を全く喜ばず、ただわが子の死のみ嘆く……。王のためにいのちをかけて戦った兵士にとって、その態度がどれほど不愉快に感じられ、さなきだに不安定なダビデの王権を危くするほどに兵士の心を自分から遠ざけてしまう恐れのあることさえも、ダビデ王は心づかない。……彼はこのとき、王であるよりも、ひたすらに父親であった。ヨアブの激しい叱責により、ようやくダビデは息子の死を嘆き悲しむことを外面的にやめ、全軍および全国民の敬意を、あらためて受けることになる。

ダビデはやがてエルサレムに帰り、王座にもどるが、アブサロムが心に残した深傷《ふかで》の後遺症は消え去らない。

王はすでに二人の息子を失った上に、アブサロムの反逆によって表面化したイスラエルとユダとの対立も、一時は武力でしずめられたものの、その後もずっとくすぶり続け、ついにダビデの孫レハベアムが王座につくとき、民の大分裂にまで発展した。

「憎む者を愛する」

悪というものには、恐るべき論理がある。聖書の記録するイスラエルの歴史も、涙と血でいろどられている。しかしこの歴史の中に、欠点だらけであったにもかかわらず、ダビデ王の姿が特別の光を放っている。ことに「わが子よ、わが子よ」との嘆きの声は、悪人に対する復讐が、決して最終的解決にはならないことを示している。自分のためにいのちをかけた兵士らのことも忘れて、恩知らずな息子の死だけ嘆いているダビデを叱責して、ヨアブは、「あなたは自分を憎む者を愛されるのです」（同・一九章六）と言う。自分を憎んで殺そうとした息子をも愛したダビデの心情は、ヨアブにとって確かにもどかしいものであった。しかしダビデのこの痛苦の姿こそが、わたしたちの心を打つ。それはこの態度《すがた》において、わたしたちは、イエスが言っているように、「恩を知らない者にも悪人にも、情け深い」（ルカによる福音書・六章三五）方である父なる神の態度《みすがた》を、垣間見るからではなかろうか。

解決しがたい後遺症を残したアブサロムの事件と同様に、人類史の中の数えきれないほどの解決しがたい事件は、ついにこの神の無限の情け深さによって解決されるであろう。神のこのあわれみに従い、神からゆるされ、愛されて、人をゆるし、愛することが、人生の真の道ではなかろうか。

早春に招かれた人

——エレミヤ

松田智雄

連峯のごとくに

「微小なる宇宙Mikrokosmos《ミクロコスモス》」のうちに、「極大なる宇宙Makrokosmos《マクロコスモス》」を見透《とお》すことは、およそ特定の選ばれた者にしかあたえられず、許されない能力である。「旧約聖書」に記されている預言者——神の言葉を託された人——たちの出現は、世界の精神史のなかの一つの奇跡であって、時間と空間とを越えて、現代のわたしたちが鮮やかに見つめることのできる、しかも遙かに高く聳《そび》え立つ偉大な連峯である。そそり立つその山容には、さまざまな趣きがあり、各預言書の始まりに現れる、神による「召命」の叙述に、個性的なその差異が示されている。もしそこに「極大なる宇宙」の例を求めるとするなら、「第一イザヤ」（イザヤ書一―三九章）を想い出せばよいであろう。かれは、神から壮大な「幻」を示され、且つそのときに語られた神の言葉を、「天よ、聞け、地よ、耳を傾けよ」（同・一章二）という巨きな轟《とどろ》くようなひびきをこめて、神の審判として伝えている。彼は聖なる神を直視し、その栄光が全地に満ちあふれるのを知った。そこには、神の存在が「極大なるもの」として示され、かれ自身その偉大な神の側に立って、神の言葉の代弁者となったのである。また預言者ではないが、かの「ヨブ記」（後掲）の冒頭には、壮大な神と神の子たち、サタンの集う場面が描かれており、それこそは、ゲーテが尨《ぼう》大な戯曲「ファウスト」の展開の最初の場面に転用したものであるが、ここにも、まず「極大なる宇宙」が示される。

招かれた若者

「エレミヤ書」では、その出発点が、全くこれと異っている。エレミヤが、初めて〝預言者として立て〟との神のえらびを体験したのは、ある春の日であった。かれはまだ若年で、かれ自身決して、成熟した人格であるという自覚はなかった。それだけにこの「召命」は、はじめてかれに神から授けられた使命を自覚させ、ここにかれは自我を意識することになる。「エレミヤ書」

は全体が、詩的な表現に充ち、これほどに預言者自身の生き方が、深い内面にまでふれて語られている場合は、旧約全書の中にも類をみない、唯一のものであろう。

かれはエルサレムの北、歩いて二時間ばかりの小さな村、アナトテの祭司の家に生まれた。そして「召命」はヨシヤ王の十三年、すなわち紀元前六二六年、エレミヤ二十四、五歳の頃、場所は、アナトテの村の、おそらく住み馴れたわが家の近くであったろう。春のある日、かれは明るい日ざしを浴びながら、全く予期しなかった経験に見まわれた。はじめて、神の言葉を聞いたのである。

主の言葉がわたしに臨んで言う、……「汝を聖別し、汝を立てて万国の預言者とした」。……わたしは言った、「ああ、主なる神よ、わたしはただ若者にすぎず、どのように語ってよいか知りません」。しかし主はわたしに言われた、「汝はただ若者にすぎないと言ってはならない。だれにでも、すべてわたしがつかわす人へ行き、汝に命じることをみな語らなければならない。民《かれ》らを恐れてはならない、わたしが汝と共にいて、汝を救うからである」と……。(エレミヤ書・一章四—八)

それは、およそ考えてみたこともなかった「召命」の言葉であって、ただ驚くほかはなかった。神はエレミヤに「汝を立てて万国の預言者とした」と告げ、「わたしは若者にすぎず、どのように語ってよいか知りません」というおそれに対しては、親しくみ手をのべて口につけ、「見よ、わたしの言葉を汝の口に入れた」と言われた。こうして、神の定められた道に従って、エレミヤは「あるいは抜き、あるいはこわし、あるいは滅ぼし、あるいは倒し、あるいは建て、あるいは植えさせる」(同・一章一〇)。——とのきびしい役割を、生涯をかけて神の前に果さなければならなかった。

虚偽を破って

聖書の預言者たちは、どの場合にも神の言葉を述べ伝える。しかし、エレミヤは、同じく神の言葉をのべるにしても、神の側から神の言葉をイスラエルの民に伝えると共に、民のために神に祈り、民のために神の全き赦しを求めた。それにしても、彼自身は、神の言葉を民に伝えることによって、およそ考えうる一切の苦難を自分の身に蒙《こうむ》ることになった。

すなわち彼は、口を開けば、人の耳に嫌われる、神の言葉を叫び続けねばならなかった。「わたしが語り、呼ばわるごとに『暴虐、滅亡』と叫ぶ……。主の言葉が一日中、わが身のはずかしめと、あざけりになるからです」(同・二〇章八)。エレミヤは(実現はしなかったが)北方から異民族スクテア人が侵入してきて、国を滅ぼすことを、繰返して警告した。それは、罪に溺れていた国民に対する神の処罰としての災禍の到来を示すものとされた。そして、その後も、歴代の国王、宗教界の指導者、祭司たち、支配者そして国民自身に対する、神の審判の宣告を述べ続けた。そのためにエレミヤは、裏切者、国賊とよばれ、捕えられて土牢に投げ入れられ、たえず生命の危険にさらされることになる。しかもついに、自分の目で、バビロン軍をひきいるネブカデネザル王によって故国の滅亡するのを、悲嘆のうちに見とどけなければならなかった。

エレミヤの「召命」は、春のさなかの田園で、若者の日常生活の上におこった一つの深刻な体験であった。重い使命を負わせられたかれは、一生の間それから逃れることができなかった。激しい警告と審判を述べ、迫害をうけながらかれの眼は、鋭く目覚めて、人々が「平安、平安」といっている状況について、逆に、これは虚偽《いつわり》の平安であり、真実に平和な状況ではないことを鋭く指摘した。

彼らは、手軽に民の傷をいやし、平安がないのに「平安、平安」と言っている。彼らは憎むべきことをして、……すこしも恥ずかしいとは思わず、また恥じることを知らなかった。それゆえ彼らは倒れる者と共に倒れる。わたし（神）が彼らを罰するとき、彼らは倒れる、と主は言われる。（同・六章一四―一五）

こうした直言を憚《はばか》らなかった彼であるから、その最期が、殉教であったと伝えられるのは、おそらく真実であろう。

日常のかなたに

エレミヤは、「悲しみの人」——かなしみの預言者と呼ばれている。かれの「召命」そのものが、深い本質において、かれを「悲しみの人」としないではいなかった。——そのとき神は、エレミヤにこう声をかけられたのである。「『エレミヤよ、汝は何を見るか』彼は答えた、『あめんどうの枝を見ます』」(同・一章一一)。こういう問いと答えが記されているが、このあめんどうは「目覚めの木」であり、冬からの目覚め、春を象徴する。エレミヤは、その啓示、神の言葉によって唯ひとり目覚めている者として国民に語る宿命を担い、神の言葉を負う、「悲しみの人」とならねばならなかった。

啓示は、もう一度かれに与えられた。「『汝は何を見るか』わたしは答えた、『煮え立っているなべを見ます。北からこちらに向かっています』」。この沸騰する鍋は、北方から襲ってくる異民族の災禍を意味していた。何気ない、日毎の生活のなかで与えられた、しかも深刻の極みである預言を担い行く「悲しみの人」の運命を、かれは負わせられたのである。

だがエレミヤが「悲しみの人」となったのは、かれの内面の奥底に、かれの実存の基底に、さらにふかい原因があった。エレミヤ書には、告白録といわれる部分があり、人間エレミヤの心底からの言葉が、裸のままに述べられている。「主よ、あなたがわたしを欺かれたので、わたしはその欺きに従いました。……何故《なにゆえ》に、わたしは胎内を出てきて、悩みと悲しみに会い、恥を受けて一生を過ごすのか」（同・二〇章七―一八）。かれは、この激しい祈りを、ヨーロッパ風に手を組んで口にしたのではなく、両手を高く天に向かって挙げて、神に訴えたのであろう。祈りは、決してうち側に沈むことではなかった。神と争い、格闘したのであり、そうして、神に向かってひたすらに迫って行った。しかし、神に負け、神に帰ったのである。「わたしはあなたに、わたしの訴えをお任せしたからです」（同・二〇章一二）。こうして彼の生涯の意義は、神からの言によって、完了されるのである。

「見よ、わたしがイスラエルの家とユダの家とに新しい契約を立てる日が来る。……すなわちわたしは、わたしの律法を彼らのうちに置き、その心に記《しる》す」（同・三一章三一、三三）。これこそは、外側から民を規制する旧来の律法ではなく、新しい目覚めを与えられた民との〝新しい契約〟が成立するとの預言であり、エレミヤは、旧約時代の最高の預言者として、このように内面的に、新約の――神、人のうちに宿り給うとの――イエスによる福音を予見しえたのである。

エレミヤは、人間的な弱さを充分に知り、その上で神への絶対の信頼に生きた。彼の精神は、近代的とも言えるものであって、後世の思想へも、文学へも、深く繋《つな》がっている。宗教改革者マルティン・ルターは、ウォルムスの国会の審判の前に立って、「わたしの〝良心〟は神の言葉に縛られています」と告白し、これによって生涯の福音のための戦いを支えられることになった。エレミヤを支えたのは、親しく神から口に入れられた、神の言葉にほかならなかった。春の日に「目覚めの木」の枝から与えられた自覚は、まさしく「極小なる宇宙」の現象から、世界史の範囲に拡がる真理、すなわち「極大なる宇宙」への目を開くものであった。

モェーリケの詩に、「遙かなる微かな竪琴《たてごと》の音を聴け。春よ、汝だった。わたしは汝をたしかに認めた」とある――どこからか漂ってくる、いとも微《かす》かな香気の囁《ささや》きに、早くも詩人は春の到来を認める。ヨーロッパの春は、サフランの一本の芽生えによって告げられるともいう。しかし、その彼方《かなた》にあるものは、あるいはエレミヤの言うとおりに、ひとつの危機であるかもしれない。

「平穏無事な状況のなかに、危機を見きわめる」こと、これは今日の課題であり、いま、ヨーロッパでは危機意識が、底深く目覚めようとしている。われらの日本ではどうであろうか。

苦難の謎

——ヨブ記のテーマ

船水衛司

「わたしは思う。聖書のなかで、あるいは聖書のそとで、これに比肩《けん》できる文学的価値の作品は、皆無である」。これは旧約聖書のヨブ記についての、カーライルのことばである。ヨブ記の文学的偉大さは否定できない。

しかしヨブ記が万人にうったえる真の要素は、むしろその主題《テーマ》にある。かつて中世の哲学者マイモニデスや、十八世紀のカントが、神と、人間と、この世の悪、という三者のからみ合いを問題にしたさいの哲学的思考の跳躍板は、ヨブ記であったという。ヨブ記のテーマが、「苦難の謎」であることを思えば、ふしぎはない。

妻の嘆き

苦難の謎——それはすでに紀元前七世紀のユダ王国の預言者エレミヤが、「ああ、主《かみ》よ……悪人が栄え、不信の徒が安楽に暮しているのは、なぜですか？」と訴えた問題である。

この苦悩は、神がこの世界を創造し、正義をもってその歴史を支配しておられることを信じようとすればするほど、深刻なものとなる。古代イスラエル民族がこの「苦難の謎」に、もっとも苛《さいな》まれたのは、亡国・捕囚と、それにつづく時代であろう。おそらく紀元前五世紀、この問題とはげしくとり組んだヨブ記の著者は、問題の普遍的な意義を強調するために、主人公に、非ユダヤ人であるヨブをえらんだ。著者が民話のヨブにたくして、『ヨブ記』の中で、ヨブと他の登場者にまじえさせた問答に耳をかたむけることによって、われわれは著者といっしょに、その問題——苦難の謎——を問いつめていくことができる。

ヨブ記では、この「謎」にかかわる最初の発言者は、ヨブの妻である。彼女の夫、義人ヨブは、その人生の真盛りに、財産と子女のすべてを失った上、苦患におそわれた。夫の苦悶を見かねた彼女は、神を呪《のろ》って死ぬことを提案した。しかしヨブは、彼女のこの短絡反応をたしなめた。「あなたは不信心な、愚かな女がいいそうなことを言う。われわれは神から幸いを受けるのだから、災《わざわ》いをも受けるべきではないか」。ヨブの信仰がみごとなだけに、妻の錯乱はあわれである。

どう考えても不当としかいえない目にあわされながら、信仰者として姿勢をくずそうとしないこの夫の最後のよりどころが、この状況のなかでなお夫のかたわらにとどまっている〈妻〉ではなく、〈神〉であることは明白である。それでもこの妻に逆上するなというのは、人間性の限界をこえよという無理な注文である。とはいえ、「神を呪って死ね」という妻の発言は、ヨブにとって、彼の苦痛を外的に除去するには、どうすればよいかという提言である。これはヨブ自身の問題と一致しない。ヨブの問題は、その苦痛の除去よりも、なぜ神がこのことをゆるしたか、である。〈現象〉よりも〈神〉が、ヨブにとって究極の問題であった。

ヨブの独白

ヨブの妻の次の語り手はヨブ自身である。ヨブを慰めようとやってきた三人の友人は、ヨブの姿のあまりのかわりように「声をあげて泣き」、彼とともに地に座して七日七夜、ひとことも彼に語りかけない。かれの苦悩の大きさに、なぐさめの言葉をうしなったのである。

相手の苦しみを自分のものとして、物も言えない友情の重みに耐えるのは難しい。ヨブはその重さをおしのけるようにうめき、声を放って、自分の存在を呪い、死をねがった。しかし残酷にも、神は死による苦難からの逃亡をゆるさない。

「なにゆえ苦しむ者に光を賜い、悩みつのる者に生命を賜うのか。彼らは死をまち望むが
――それは来ない」

この嘆きの詩句は、ヨブ記の著者のたぐいまれな知性と情熱との結実である。著者は、ひとりの正しい神によってつくられ支配されている世界に、なぜ悪があるのかという、今日なおのこる難問と、生涯とり組むことのできたほどの、強靭《じん》な知性の持ちぬしであった。しかし、死を望んでもそれは来ないと嘆くこの詩には、知性よりもはるかに深いやさしさがこもっている。そこには同時代人のよろこびや悲惨につよく共感し、それを包みこむ優れて大きな魂がいきづいている。

この魂が、ヨブを駆って、死による苦難からの逃亡よりも、問題の深奥に肉迫することをえらばせた。それが作中のヨブのあの悲痛きわまりない詩的「独白」である。そこには神を信ずる人びとにとって、もっとも緊急な問題は〈何をなすか〉ではなく、〈何を信じるか〉であることがしめされている。極限まで追いつめられ、死にも生きもできずに苦悩する魂に、何をなせというのか。何をしようにもなし得ないのが、かれの現実ではないか。ではなにを信ぜよというのか。それが問題である。

「義人」の罪

このような内的な問題には、世間はなにも答えない。すくなくとも責任をもっては答えない。

しかし友人はちがう。

だが、三人の友人の答は、ヨブ自身が基本的にそれに立ち、しかもそれによって納得できないで苦しんでいる、因果応報という伝統的な教義の立場を出ないものであった。すなわち、苦難が罪の結果であるからには、ヨブは罪びとに違いない。悔いあらためて「神の義を信ぜよ」というのであった。

尊敬する友人ヨブの悲惨さに、一時はことばをうしなった友人たちではあるが、苦悩のあまりとはいえ、かれが自分の存在をのろい、神の残忍を非難するさまに、かれらはこもごも、ヨブの非を正そうとする。ヨブはそれに抵抗し、ついに友人たちとのあいだで、激しい一連の詩的論争が展開する。

しかしその論争のなかで「神のように」ヨブを「きびしく追いつめる」友人たちのふりかざす因果応報の教義は、ヨブの問にたいする答にはならない。すでにヨブ記の著者はその作品の冒頭で、ヨブを「非の打ちどころなく、高潔で、神をおそれ、悪を避けた人」と紹介しているからである。

ヨブは友人たちとのみのりのない討論のすえに、神ご自身の答えを求めてよびかけた。しかし答は意外な方向からきた。

エリフという名の青年が口を開いたのである。かれは苦難を懲《こ》らしめとみる。それだけではなく、義人にたいする警告とみる。それは現実的で明白な罪にたいしてだけではない。人に気づかない罪にたいしてでもある。とりわけかれが注意をうながしているのは、善良なひとの自己満足、自分の公正であることを意識している人たちの傲慢である。しかし人は、そういう美徳のもたらす罪、自己義認の罪の指摘には、納得しえない。それが〈義人〉の本質だからである。(エレミヤ書・一七章九)

旋風の中から

こうなれば答える者は神以外にない。エリフのことばがおわると、神ご自身が「旋風の中から」ヨブに語りかける。しかし、ふしぎなことに、神はそこで、ひとこともヨブの罪と苦難のことにふれていない。

ヨブが受難者であるから罪びとにちがいない、という友人達の議論にたいする神のこの沈黙は、友人たちの因襲的神学についての神の拒絶を物語る。また神がヨブの苦難にまったくふれていないのは、ヨブ記の著者の非情のゆえではない。繊細《せんさい》な思いやりと、感受性のゆえである。ヨブの苦悩は、因襲的宗教の陳腐なことばでおさまるはずはない。すこしでもかれの苦悩を担《にな》おうというのであれば、問題全部を、別な次元でとりあげなければならない。

そこで神は、ヨブに圧倒的な力をもって、創造者としての片鱗をしめし、宇宙とその創造者のことを、人間中心的な視点から判断してはならないとせまる。たとえば、カバやワニについての神の勝ち誇ったような称賛《しょうさん》にしても、そうである。人間の標準ではけっして美しくないゆえに、これらの奇怪な被造物は、神の創造思想が、人間の理解の限界をこえたものであることをしめしている。それなのに、どうして神のなさりかたに、審判をくだすことができるか。

自然における不調和、人間の歴史における苦しみ、これらは神がつくり、支配しておられる宇宙の極小の部分にすぎない。人間の見方よりも、広い釣り合いのとれた見方からすれば、世界における悪は、神の支配に疑いをさしはさむにたりない。

ヨブは自分の無知を告白し、神を非難したことを心から悔い改める。この恭順の言葉で、神とヨブとの対話はおわる。

この対話を通じてヨブ記の著者がしめした「苦難の謎」への答は、「われわれは知らない」というだけではなく、「われわれは決して知ることはないだろう」ということである。

神が正義をもって支配しておられる世界における不条理は永遠の謎だという答は、真実な言葉ではあるが、深い傷に苦しむ者には、神のあわれみを明らかにするにたりない。

究極の答

苦しむ者にたいする神の最後の答は「旋風の中から」ではなく、〈肉体となった神の言葉〉すなわちみ子イエスによって「十字架の上から」与えられた（マタイによる福音書・二七章四六）。「エリ、エリ、レマ、サバクタニ」「わが神、わが神、どうしてわたしをお見すてになったのですか」というこの語のしめす意味は何か？　神がみ子を通じてあたえられるすくいは、直接的な〈苦難からの解放ではない〉ということである。それは〈罪からの解放〉である。罪とは、神からの離反である。では神への復帰にはどうすればよいのか。み子イエスの死が、われわれの罪のあがないであることを信じることである。この信仰によって神とのまじわりにいれられた者は、この不条理の世にあって傷つきながらも、それゆえに、かえって隣人のくるしみをともにになうものとされる。――これが聖書をつらぬく、神の約束である。

ヨブは不可解な苦難のただ中で、ただ一つの願いとして、（深く傷ついた）「わがこのからだで神を見る」（ゴルディス訳）ことを求めた。その願いは、十字架上でまざまざと神を見、神に向かって叫んだみ子、イエスによって叶《かな》えられたのである。

二千四、五百年前に書かれたヨブ記が、古典文学の傑作とよばれ、ことに個人的、民族的危機にさいして愛読されるのは、それが人類普遍の問いである「苦難の謎」に深く取組み、人間存在の根底を支える信仰の秘義を、そこにやどしているからであろう。

絶望への自由とその断念

――「伝道の書」の詩的詠嘆

石原吉郎

信仰の位相

かつて地に倒されたことのない者が、どうしてその膝を地に起こすことがあろう。かつて挫折したことのないものが、どうして再起をこころみることがあろう。

私が「伝道の書」を私自身の自由において読むのは、戦争を生き残った世代の発想においてである。私たちは戦争を「自由に」生きのびたのではない。生きのびることを余儀なくされたのである。

旧約聖書「伝道の書」はまず、つぎのような絶望的な警告によって始まる。

伝道者言《いわ》く　空《くう》の空、空の空なる哉《かな》　都《すべ》て空《くう》なり　日の下に人の労して為《な》すところの諸《もろもろ》の動作《はたらき》はその身に何《なに》の益かあらん　世は去り世は来《きた》る　地は永久《とこしなえ》に存《たも》つなり　日は出で日は入り又その出でし処に喘《あえ》ぎゆくなり　風は南に行き又転《まわ》りて北に向い旋《めぐ》転りに旋《めぐ》りて行き　風復《また》その旋《めぐ》転る処にかえる　河はみな海に流れ入る　海は盈《み》つること無し　河はその出できたれる処に復還《またかえ》りゆくなり　万《よろず》の物は労苦す　人これを言い尽《つく》すこと能《あた》わず　目を見るに飽くことなし　耳は聞くに充《み》つることなし　曩《さき》に有りし者はまた後《のち》にあるべし　曩《さき》になりし事はまた後《のち》に成るべし　日の下には新しき者あらざるなり　見よ是《これ》は新しき者なりと指して言うべき物あるや　其《それ》は我等の前《さき》にありし世々に　既《すで》に久しく在りたる者なり　已前《まえ》のものの事はこれを記憶《おぼゆ》ることなし　以後《のち》のものの事もまた後《のち》に出づる者　これを憶ゆることあらじ（一章一―一一）

ある時、私たちは一切の事実が空《むな》しいということばを、唐突に私たち自身の内部に聞く。空しいとは、私たちが置かれた日常そのもののむなしさである。いずれにせよ、私たちが置かれるのは日常性そのもののただなかである。

私たちの空しさとは、空しさと呼ぶそのことの空しさである。何故《なにゆえ》に空しいか。私たち自身が日常性そのものだからである。さらに日常を脱出することの不可能を、私たちに教えるのは誰か。日常性そのものである。(私たちはここで無雑作に造物主を名指すことを避けねばならないだろう)。

故に私たちにかろうじて残されるものがあるとすれば、それは脱出ということへの明確な「断念」である。断念・放棄を強《し》いるものを、今ただちに神と呼んではならないだろう。

私たちはすでに、多くの神に裏切られており、その裏切られ方への私たちの側からの対応の姿こそ、私たちの信仰の位相を決定すると思うからである。

なぜなら、神そのものが人にとって断念であり、断念においてこそ、旧約の神は、私たちに明確に存在するからである。

神の明確さ

断念とは常に新しい行為ではない。断念において、はじめて私たちは確然と、地上とその日常にとどまる。伝道の書がかろうじて私たちに呼びかけうるものは、この断念としての神の明確さである。(この神〈断念〉なくして)日常の空白に佇《たたず》み終ること、それは絶望そのものである。

天《あめ》が下の万《よろず》の事には期《き》あり　万《よろず》の事務《わざ》には時あり　生《うま》るるに時あり　死ぬるに時あり　植うるに時あり　植えたる者を抜くに時あり　殺すに時あり　医《いや》すに時あり　毀《こぼ》つに時あり　建つるに時あり
泣くに時あり　笑うに時あり　悲しむに時あり　躍《おど》るに時あり　石を擲《なげう》つに時あり　石を斂《あつ》むるに時あり　懐《いだ》くに時あり　懐《いだ》くことをせざるに時あり　得《う》るに時あり　失うに時あり　保つに時あり
棄つるに時あり　裂くに時あり　縫うに時あり　黙《もだ》すに時あり　語るに時あり　愛《いつく》しむに時あり
悪《にく》むに時あり　戦うに時あり　和《やわら》ぐに時あり（三章一―八）

「伝道の書」は旧約聖書のなかでも、最も「不可解」な文章の一つであるが、そのなかでこの章は最も美しいもの、最も詩的なものの一つである。そしてその最初にあげなければならないのは詩としてのその美しさである。

われわれは軽々《けいけい》に救済を叫ぶべきではない。救済の以前に、すでに亡んだ者として、滅亡の確たる承認こそが、逆説としての救済をもたらすという事実をこそ、人は苦痛とともに思い起こすべきではないのか。人は亡んでおり、また亡びつつあるからである。「私は信仰により救われた」ということばを、仮にも人は、公然と口にすべきではない。

信仰そのものが苛烈に人間を処罰し、処刑するさまを、永い歴史を通じて、人は見て来たはずである。にもかかわらず、それらすべての留保をこえて、神の所在に向かわざるをえないとすれば「信仰こそ断念そのものである」という重大な危機に、私たちは真正面から立ち向かわざるをえない。

答えるイエス

「伝道の書」一巻は私にとり、まさにそのような絶望の書であるほかないだろう。

しかもなお私に辛うじて問えることは、旧約の神ヤーヴェ（エホバ）と、キリストとの位相のちがいであるが、これについては、多くのスコラスティック（学者流）な論議にまかせればいいであろう。ただヤーヴェはイエスの降臨を前にしての「見えざる」神であったが、イエスは自由に人びとに問い、答え、再臨を予告しつつ磔刑を終った。

待降と再臨とによってはさまれた時間は、神学者バルトのいう中間時（Mittelzeit）であって、この期間に人間はいわば「無制限」に自由に放置される。自由という空間の果てしなさに目がくらんだ人間は、法律を制定し、条約を締結し、無数の法規を定めた。いくどとなくそれは改正され、改変され、国境はしばしば変更された。

「一人の自由」において、人はいかなる犯罪を犯すこともできる。ただ人はその自由に耐ええないだけである。自由とはまさに神による放置であり、重圧である。

神が文字どおり人間を放置したというところから、問いは始まらなくてはならない。カミュの

「異邦人」はこれに対する切実な答えである。無限の問いに対する答えは、無限に「自由」である。自由はあまりにもアンチテーゼ（反）として考えられすぎた。自由がテーゼ（正）としてとりあげられることのおそろしさを知るときは、まだ私たちには、こののちにもないであろう。「行々《ぎょう》として円寂に入る」とは、般若心経の末尾の一行に対する、僧空海の飛躍的な邦訳であるが、「伝道の書」のほとんど絶望的な初行の展開に対する空海の、これまた絶望的な応答であると私は考える。

この双つの絶望のあいだに、人のもろもろの生の営みと、信仰の迷路がさしはさまれる。信仰とは、決して希望に充ちあふれた、一途《いちず》な、生の展開ではないということを、私は知る。

病苦の中で執筆されたこの文章は、はからずも遺稿となりました。（編集部）

希望によって人間がささえられるのではない
（おそらく希望というものはこの地上には存在しないだろう）。
希望を求めるその姿勢だけが、おそらく人間をささえているのだ。

——石原吉郎詩集より

平安への遍歴

——感謝と謝罪の詩

片岡美智

百歳の母

九月十五日、今年はやがて数え年で百歳を迎える母にとって、（私にとってもまた）感慨深い敬老の日である。

三十二年前、あの八月十五日のことを、留学中のパリの下宿の部屋で知った瞬間、私の目に浮んだのは、もう六年以上も音信がとだえていた祖国で、二人の息子を戦地で失ったであろう母の姿であった。だがそれから数年がたち帰国してみると、無事であった息子たちはそれぞれ家庭をもって、母にはすでに七人の可愛い孫があった。歳月は淀みなく流れ、母がこうして一世紀もの天寿をまっとうすることができるのは、神の加護は無論のこと、長男夫妻の献身的な温かいいたわりのお蔭である。このことをしみじみと思う時、私は母にとってばかりでなく、年毎に老いていく私自身にとって、一番大切なことは何かと、真剣に考えさせられてしまう。

〈敬われる〉のは、孤独感にさいなまれる老人にとって、かけがえのない仕合せに違いない、がそれに対して当の老人は、何をもって報いねばならないかという重大な問題が横たわってい る。私は思う、——人間の魂を深め豊かにするもの、それは〈謝罪〉と〈感謝〉ではないか。長い過去を一人静かにふり返り、さまざまの行なったこと言ったことのゆえに、神に向かい人に向かって〈謝罪〉の念にかられる時に、最も清浄な〈感謝〉の気持が湧き上り溢れ出て、おのずから神にも人にも伝わっていくのではないだろうか。謝罪と感謝、この二つこそが、聖書のいたるところに述べられているように思う。そして過去の聖者・宗教家は言うに及ばず、今日なお詩人や芸術家の魂に語りかけてやまないのも、この二つのことに思われる。

謝罪と感謝

遠い過去へ目をやれば、そこには告白録を書いたアウグスティヌスが立っている。紀元一世紀に生きた彼は北アフリカ沿岸に生まれ、当時栄えたカルタゴで勉学中、放縦な生活を送り、壮年時代には名誉心にかられもし、教義上の問題でしばしば懐疑《かいぎ》にも陥ったが、信仰深い母モニカに見守られてついに修道者になった。このような彼は謝罪を繰返しつつ、幾たび神と母の限りない愛に、感謝の涙を流したことであろう。

近代のフランスに例を求めるならば、八十八歳の高齢で亡くなるまでの晩年を旧約聖書の注釈に捧げたクローデルを挙げねばならない。実証主義と懐疑主義とが交錯する世代に属した青年クローデルもまた、深刻な懊悩《おうのう》と逡巡《しゅんじゅん》の果てに恩寵体験を通して、熱烈なカトリック信者になった。外交官の職籍に身をおきながら、詩・戯曲・評論・書翰などからなる尨《ぼう》大な量の精神的遺産を遺して逝った彼は、世界的な拡がりをもつロマン・ロラン友の会の会長でもあったから、カトリック信者になられたロラン未亡人は、彼を「私の魂の父親」と呼ばれた。彼の作品の源泉をなす霊感が、神への〈謝罪〉と〈感謝〉であったことは、想像に難くない。その実例が、創作後四十数年を経てようやくバローによって初演された「真昼に分かつ」で、不倫の恋に陥った一組の罪深い男女がそこで生か死か二者択一の極限状況に立たされ、死を選んだことによって神の赦しに抱かれ、浄化される。この題材が一九〇〇年から四年間にわたる三十代のクローデルの体験にもとづいていることは、今日では周知の事実であるが、戯曲が一九〇六年に私家版としてかすかに姿を現わしたのみで、それから四〇年間以上も知られないままでいたのは——ロラン未亡人のお話では——クローデル夫人が公表に反対であったからとのこと。それにしても、この作品を書いたこと自体は、クローデルにとって贖罪の証であり、彼の謝罪を嘉《よみ》したもうた大いなる愛の神への感謝の捧げ物にほかならなかったと思われる。

ダビデの祈り

こうした人間の魂と肉体の遍歴と神の愛との関わりを、旧約聖書の中で最も感動的に伝えているのが、詩篇五一篇（ラテン・仏語対照のミサ本全二巻では第五〇篇）である。これは、詩的感性をゆたかにそなえていた王ダビデが「バテセバに通った後預言者ナタンがきた時によんだ」詩である。バテセバはダビデが奪った人妻であった。ナタンに強くその不義を衝かれ、ダビデは心からの謝罪を神に向かって吐露する。

ラテン語ではMiserere mei Deus《ミゼレーレ・メイ・デウス》「神よ、われをあわれみたまえ」で始まるこの長い詩は、英国の詩人であり劇作家でもあったオスカー・ワイルドが、レディングの獄中で（一八九六–九七年）書いた告白録の表題「深淵より」De profundis《デ・プロフォンディス》で始まる詩篇第一三〇篇（ミサ本では第一二九篇）——ああエホバよ、われふかき淵より汝をよべり。主よねがわくはわが声をきき、汝のみみをわが懇求《ねがい》の声にかたぶけたまえ——と共に〈追悼の祈り〉に編入されていて、吟誦する者・静聴する者を深く感動させずにいない。私自身もそれぞれの時と場所で聴き入ったこの吟誦がかもし出すあの雰囲気を、忘れることはできない。

ああ神よわがために清心《きよきこころ》をつくり、わが衷《うち》になおき霊をあらたにおこしたまえ。……なんじの救のよろこびを我にかえし、自由の霊《みたま》をあたえて我をたもちたまえ（詩篇・五一篇一〇、一二―聖書協会版）

この詩篇をこよなく愛し、一語一語に触発されて数十枚の石版画を作った人がいる。近代・現代を通じてただ一人の宗教画家といわれるルオー。彼は中世の聖堂内を至純な光彩で包むステンドグラスに魅了されて、その技法を手がけ、油絵の世界でも、中世的素朴さ、清純さを追求した。

ところで一九五〇年前後のことだったと思う。パリのどの画廊かは今思い出せないが、その室内で受けた印象と感動の方は、少しも色あせていない。一歩中に入ると、私は圧倒されてしまった。壁という壁を白と黒の石版画が埋めつくし、中央のテーブルには残りの石版画がうず高く積まれていた。それはルオーの「ミゼレーレ」特集展だったのである（大きさは一様に縦八〇センチ・幅五五センチ位と記憶している）。白と黒、この根源的な対照法が、金銀はおろか、どれほど鮮やかなあらゆる色の配合も到底及ばない雄弁さと迫力とをもって、見る者を捕え、説得するということを私は初めて知った。見終った後もう一度佇《たたず》んだのは、画面一ぱいに描かれた「十字架上のキリスト」の前である。

中世以来ルネサンス・バロック・古典派・ロマン派等々、主義・流派はどんどん移り変っても

〈十字架上のキリスト〉は、画家にとって最も意味深く魅力の尽きないテーマであったに相違ない。絵画史を飾るすべての十字架上のキリストを集めたならば、部厚な画集ができあがることだろう。グリューネヴァルト（一四五五―一五二八）の一大傑作イーゼンハイムの祭壇画、ルーヴル美術館に収められているグレコ（一五四一―一六一四）の油絵、その他多くの十字架上のキリストの構図に見られるのとは異なり、ルオーの石版画ではキリストはうなだれておらず、そこだけがくっきりと広くて真白な額《ひたい》が、画面全体、いや、周囲の全域に君臨している。この強烈な白さの額からは、聖霊の光とも言いたいほどにまばゆく強靭な閃光が発して、見つめる者の目を射とめ、魂の奥まで突き通らずにいない。

真実の感動

ではなぜ、ダビデの詩「ミゼレーレ《あわれみ給え》」が、ルオーにこのような十字架上のキリストを描かせたのであろう。なぜこの一枚が、「ミゼレーレ」をテーマとする数十枚の石版画の頂点に位置づけられているのであろう……。

この画面をまざまざと目に浮べる今、私は「十字架上のキリスト」とは、人間の罪を人間に代って神の前に謝罪する姿なのだと改めて思う。「ミゼレーレ」が最も深い感動をもって歌われ聴かれるのは、言うまでもなく十字架上のキリストを埋葬する日に当る聖金曜日であろう。魂の真底からの叫び「ミゼレーレ・メイ・デウス《主よ、われをあわれみ給え》」の謝罪があって初めて、「ハレルヤ」という讃歌が喜びに溢れて湧き上り、高らかに歌いだされるのである。こののっぴきならない過程が、人間的存在の赤裸々にして高貴な真実ではないだろうか。そこにこそ、死に打ち勝ち得た者、死を乗り越え得た者の平安が見出されるのではないだろうか。

　現代人は犯した言動を、早やばやと忘れ去り、〈死〉のことは考えたがらない。こうした現代において、否応《いやおう》なしに〈死〉と対座させられている老人を、死の恐怖から真に解放することのできるのは、〈謝罪〉と〈感謝〉の気持ではないだろうか。老若を問わずわたしたちの一番深いところに根をおろしている死への恐怖、その表われにほかならないいろいろな形での被害妄想、これに執拗につきまとわれているのが高齢者ではないだろうか。このような今日の母のために、私の側からなし得ること、それは母が神に対してと同様、周囲の人々に対して〈謝罪〉と〈感謝〉の気持を心の奥深く抱いてくれるようにと念ずることであろう、私もまた母と共に、そのようにしてこれからの一日一日を迎え送っていくことができるように——と願いながら。

　古代から現代に至るまで多くの思想家・詩人・劇作家・小説家・画家・作曲家たちの共感をよんで創作意欲に点火したダビデの謝罪と感謝の詩《うた》「ミゼレーレ・メイ・デウス」（主よ、われをあわれみたまえ）、これが〈追悼の祈り〉の中に収められているという事実は、謝罪と感謝が、美しい死と、魂の平安の前提であることを物語っているように思われる。

新約1 イエス――光の到来

私にとってのマリア
――ひとりのみどり児われらのために生まれたり

田中澄江

ひとは多かれ少なかれ、その生涯に幾つかのドラマを持って終りの日を迎える。ドラマとは劇。限られた舞台の時間の中に、人間の運命を切りとって見せてくれるものである。そこには、予想された通りの人生の展開や、思いがけない結末があり、意外性が強いほど、ドラマ性も濃いということになって、ひとはそれを波瀾万丈の一生と言ったりする。

しかし、イエズス・キリストの御母マリアほど、生涯のすべてを劇的な波瀾で埋めつくしたひとはないように思う。イエズス・キリストの母としての三十年の月日が、一日として平凡な道をゆくことを許さなかった。

受胎告知

新約のマタイ伝の第一章に言っている。マリアとヨセフは許婚者であって、まだ共にいたことはないのに、マリアは身ごもった。ヨセフはひそかに離縁しようとした。ヨセフの夢に天使があらわれて言った。

ダビデの子ヨセフよ、妻マリヤを納《い》るる事を恐るな。その胎に宿る者は聖霊によるなり。かれ子を生まん、汝その名をイェズスと名づくべし。己が民をその罪より救い給う故なり。(マタイ伝・一章二〇)

と。ヨセフは篤信《とくしん》のひとであったから、天使の言葉の意味はすぐにわかった。ユダヤの民にとって、いつか、どこかの乙女によって、その嬰児《みどりご》は生まれてくるはずであった。アッシリア、バビロニア、エジプトなどの強大な勢力にかこまれて、ユダヤの王国は亡び、エルサレムの神殿が荒れはてていたとき、旧約の預言者イザヤは、その第九章の中で言った。

ひとりの嬰児われらのために生まれたり。我らはひとりの子をあたえられたり。(イザヤ書・九章六)

この嬰児こそ苦しみの中に光りを、地上に公平と正義とを持って来てくれるものであった。この嬰児こそ、神が罪に悩み苦しみ人間への救いとして、神が人間と共にあるしるしとして、生まれてくるものであった。

まだ婚約者と共にいたこともない自分に嬰児が与えられるという。ルカ伝の第一章の中で、不安とおそれにおののくマリアに天使は言った。


聖霊《せいれい》なんじに臨《のぞ》み、いと高き者の能力《ちから》なんじを被《おお》わん。この故に汝が生むところの聖なる者は、神の子と称《とな》えらるべし。（ルカ伝・一章三五）

そして親族のまだ子供を生んだ事のない老女エリザベツも聖霊により、子供が生まれると天使は告げ、マリアがその家にいって見ると、たしかにエリザベツは六月《むつき》の身重になっていた。

非凡な風貌

マリアはどのような風貌の女人であったろうか。人間であって、召されて神の子の御母にえらばれた女人。マリアが聖霊によって子供を生む事を信じない人々はささやき、指ざして軽蔑したにちがいない。

——結婚もしないのに子供を生む女がいる、——何というふしだらな。

神を信じることだけが、その白く冷たい周囲の視線からおのれを守り得たのである。

マリアは美しい。マリアには気品がある。——しかし私の心に思い描くマリアは、必ずしも泰西名画のように整《ととの》った顔かたちではない。まして女優のようにマリアとしての衣裳を脱げば、忽ち近代映画の他のドラマの中にいくらでも出演できるような、普遍的な美貌を持つひとではない。もしも私のまわりに何万という女人がひしめき、私が歩んでゆくとき何十万という女人がかたわらに来り去っていっても、私は、ああ、このかたがマリアさまと、一瞬にして立ちどまるのではないかと思う。

ではどんな特徴かと問われても、うまく言いあらわせないが、あるいは泰西名画に描かれているように、そのお顔に、その背の上に、ほのかな光りの輪が、新月のようにきらめいているかもしれない。たとえ光りの輪がなくても、たとえ女優のようなきわだった美貌でなくても、名画の中から抜け出して来た端然としたお姿でなくても、私には、ああ、マリアさまと、瞬間にひらめいて察知して、その場につったち、一歩も半歩も歩けぬ思いで仰ぎ見ることができるような気がする。私だけでなく、神についてイザヤについて知っているものであったら、だれしも群集の中のマリアを見出すことができるのではないだろうか。それほどマリアは、非凡な顔つきをしているように思えてならない。

マリアの苦悩

非凡。かつて地上に生まれて、これほどの大役を与えられた女人はなかった。これほどの異常さで受胎した乙女もなかった。もしも神を信じられなかったら、神の存在を肯定できなかったら、とても耐えられない境涯である。たとえば天使の言葉は、ひょっとして悪魔のささやきかも知れないのだ。たしかにエリザベツの身重なからだは見たけれど、それさえ悪魔が働いての結果かも知れない。マリアの心にはいつも小波がたって、一方に神を信じ、一方に神をうたがうものが、つと、かげのように走り去る一瞬があり、それを抹殺しようとして、必死に神を呼び求める。キリストが人の子として生まれたように、マリアも人の子である。ヨセフが絶えずかたわらにあってはげまし力づけてくれてもなお、マリアはときにおののく。

——自分は一体、そのような大役を果たすことができるだろうか。日々に大きくなってゆくおなか。そこで動いているもの。もしもそれが悪魔によって生み出されるものであったら。

私たちカトリック信徒は自分の祈りをマリアによせて祈り、キリストへの取次ぎをねがうのだけれど、一体どこまでマリアの苦悩を知って、これだけのお願いをしているのだろうと、ふと、自分が、いかにもムシのよい人間に思えて恥ずかしくなることがある。

救い主のみ母として

御子《みこ》の誕生のよろこびも、マリアにとっては唯、自分が一人の母になれたという安堵《ど》感では終わらない。この御子をこそ、救い主として育てていかなければならない。聖霊の導き、助けがあると信じながら、いかにも溜息のでそうな大役である。第一救い主というものを、だれもこの地上で見たものはないのだ。育児の先輩に一般的な子供の育て方などを教わっても、自分の御子にあてはまるかどうかわからない。マリアにとって、全くの新天地の開拓である。マリアの表情は絶えぬ緊張と尽きぬ不安に均衡が失われ、ときに醜悪でさえあったのではないか。

その頃はまだヨルダン領であったベトレエムに、イェズス・キリスト誕生の厩《うまや》のあとという聖堂を訪れたことがある。厩のかたちに似せた簡素なつくりであった。実さいにそこがそのときのその場であったかどうかは、二千年の歳月の彼方のことでわからないが、御子がお生まれになったという事実がまぎれもないことである限り、それは地球上のどこにあってもよいという気がした。それより御子誕生の意味の重大さを、出産の痛苦の上に加えて、現実のものとして全力で味わわれた一人の女人が、たしかに現存されたという思いが胸に噴き上がって来たとき、いきなり頬を涙がしたたり落ちた。

——あなたさまは本当にお大変でいらっしゃいましたのですね。

エジプトのカイロの町外れ、ビザンチンの博物館のある近くに、暴虐な王のヘロデからのがれて、ヨセフに伴われて来たマリアが、幼ないイェズスと共にかくれ住んだというところがあり、石の井戸が残っていた。そのまわりに白い木綿の衣裳をつけた子供たちと、その母親たちが群れて何か談笑していたのを見たとき、ここでも涙が流れた。

61/70
SADAO WATANABE 1977

聖母子

渡辺禎雄（1913〜1996）〈型染版画・1977年〉

渡辺禎雄は《聖母子》を主題に長年、幾度も制作を重ねた。それらはそれぞれ持ち味が異なるが、なかでもこの作品は、マリアの造形がすっきりとした三角形で、落ち着きと重みが感じられる。

マリアは幼子イエスをしっかり胸に抱きながら、顔を正面に向け思いめぐらしている。その眼差しは、神のなされたくすしきみ業を心に深く受けとめているようだ。この構図と背景の色合いは、イコンの聖母子にも重なるが、縮れた和紙の上に刷られた絵は、独自の深みと素朴さをもっている。

渡辺は型染版画という、日本の民芸にルーツをもつ手法で、生涯聖書の世界を視覚化しようと試行錯誤を続けた。その結実としての作品は、わたしたち日本人に親しまれただけでなく、今なお欧米をはじめアジア・アフリカのキリスト教信仰に、新鮮な感動を与えている。

――マリアさま。あなたもまた、こんな明るくおわらいになったときがあったでしょうか。ヘロデはイェズスの誕生をおそれて、幼児を集めては次々にむごい殺しかたをしたという。いち早くおそろしいふるさとを脱出しながら、マリアの耳は泣き叫ぶ母親と、痛苦にうめく幼な児の声々を聞き、風の中にひそむなまぐさい血の匂いをかいで、全身をおののかせたことであろう。

――御子のために尊い犠牲が払われている。

十字架のもと

そしてやがてマリア自身が、救い主のあかしとして、わが子の無惨な刑死の姿をわが眼で見まもらなければならないのである。刑吏の槍の穂先がわが子の身を貫《つらぬ》くとき、マリアの肉身も貫かれて血をしたたらせ、その場に卒倒せんばかりの苦しさではなかったろうか。しかもなお、自分以上に苦しいわが子のために、耐えて立ちつくしていなければならなかった。

私は座右の書として「マリアに倣《なら》いて」という本をいつもそばにおいている。マリアの徳のあとにつづき、マリアの御保護を祈ろうとするものだ。けれどマリアの辿られた多くの苦しみを思うたび、軽々しく「マリアに倣いて」などとは言えないと思ってしまう。

毎年のクリスマスには、めでたいという気持より先に、マリアさま申しわけありません。キリストさま申しわけありませんと、穴があれば入りたいような身のすくみを感じたりする。

隣人とはだれのことか？

――サマリヤ人・イエス・そして私

雨宮栄一

ある律法《りっぽう》学者が現れ、イエスを試みようとして言った。「先生、何をしたら永遠の生命が受けられましょうか」。彼に言われた、「（モーセが伝えた）律法にはなんと書いてあるか。あなたはどう読むか」。彼は答えて言った、「『心をつくし、精神をつくし、力をつくし、思いをつくして、主なるあなたの神を愛せよ』。また、『自分を愛するように、あなたの隣り人を愛せよ』とあります」。彼に言われた、「あなたの答は正しい。そのとおり行いなさい。そうすれば、いのちが得られる」。すると彼は自分の立場を弁護しようと思って、イエスに言った、「では、わたしの隣り人とはだれのことですか」。（ルカによる福音書・一〇章二五―二九）

イエスがおられた頃、当時の民衆の指導者であった一人の律法学者が、イエスに問うたのである。「イエスを試みようとして」とあるが、あるいは純粋に教えを乞うために問うたのか、それはよく分らない。ともかく「先生、何をしたら（人類至高の希望である）永遠の生命が受けられましょうか」と言うのである。律法を学び、律法を熟知している律法学者である。この問いの意味と、その答えは十分に知っており、自分自身、当時の民衆にくり返し教えてきたものかも知れない。イエスは直接に答えることを避け、かえって「律法には何と書いてあるか」と反問された。律法学者にとって律法は専門の領域である。得々として模範的な答えを述べた。

「『心をつくし、精神をつくし、力をつくし、思いをつくして、主なるあなたの神を愛せよ』。また『自分を愛するように、あなたの隣人を愛せよ』とあります」

まさに一点の非の打ちどころのない答えである。神への愛と隣人への愛！　これ以上の答えはない。おそらくこれは彼がしばしば民衆に語り、教えてきたものでもあったろう。しかし問題は、それを知っているかどうかではなかった。そうではなく、「永遠の生命」をうるためには、それをいかに実践しているかどうか、が問題であったのである。イエスは模範的な答えを出した律法学者に言われたのである。

「あなたの答えは正しい。そのとおり行いなさい。そうすれば、いのちが得られる」（傍点筆者）

律法学者は動揺をかくしきれなかった。自分は答えは知っている。しかし実践はしていない……。しかし彼は心の内に反問した。隣人、隣人と言うけれども、ほんとうに愛すべき隣人なんているだろうか。いるとしたらどこに。彼はいささか困惑しながらイエスに「では、わたしの隣り人とはだれのことですか」と問うたのである。イエスが答えとして語られた簡潔なドラマ（ルカによる福音書・一〇章三〇―三五）に、少しく背景を添えて記してみよう――。

見捨てられた旅人

当時のユダヤの首都エルサレムから、ヨルダン渓谷の南端にあったエリコの町に至る街道は、途中いくつかの渓谷を横切る荒涼たる岩肌がむきだしの淋しい道であった。そしてまたその道は、強暴な野盗の出没する、危険な所でもあったのである。それでも人は必要に迫られて、旅をしなければならなかった。

ある時一人の旅人が、この街道で強盗たちに襲われたのである。いささか抵抗したからであろうか、それとも抵抗しないにもかかわらずであろうか、強盗どもは凶器でもってしたたか傷を負わせ、半死半生の目にあわしてしまったのである。無残にも半殺しにされ、身ぐるみ剥がれたその旅人は、そのまま道ばたに捨てられた。恐るべき出来事である。

血だらけにされたまま放置された旅人は、死を待つより他はなかったのである。そこに一人の旅人が通りかかった。その姿、恰好から判断すると、まぎれもなく祭司の一人である。つまりエルサレム神殿で神事をつかさどる高位聖職者である。彼もまた律法学者と同じように、律法について、あり余るほどの知識は持っていただろう。永遠の生命を受けるために何をしたらよいかという問いの前に、彼もまた、よどみなく神への愛と隣人への愛を強調しただろう。

しかし彼は、この傷ついた旅人を見てどうしただろうか。驚いたに違いない。けれども彼は、この傷ついた旅人を見捨てたのである。ここでこの旅人にかかわっていると、自分もまた同じような目に遭わされるかも知れないと考えたのだろうか。あるいはここで、祭司である自分は死人のために身を汚《けが》してはならないという律法を、自己防衛的に思い起こしたのだろうか、ともかく、傷ついた旅人の「向う側を通って行った」のである。

次に来たのはレビ人と呼ばれる人であった。レビ人とは由緒ある名門の部族であり、祭司の多くを出していた。この人たちは当時の民衆から尊敬されていたし、また自分たちもレビ人であることに誇りをいだいていた人たちであった。しかしこのレビ人も、傷ついた旅人を見つけたが、関わりあいを持とうとはしなかったのである。いくらかの良心的な痛みは感じたかも知れないが、自分が大切だと考えたのであろうか。傷ついた旅人を放置して同じように去ってしまった。

祭司といい、レビ人といい、結局誰一人としてこの傷ついた旅人の助け人になる者はいなかったのである。この場合、傷ついた旅人のところに走り寄ることによって、隣人になるのである。隣人とはだれのことだろうか、隣人とは、自らがなるものなのである。それなくして、隣人とは誰かと問うことは空しい。

差別を超えて

血まみれになって、死を待つばかりの旅人の傍を、また一人の男が通りかかった。この人はサマリヤ人であった。イエスのおられた当時のユダヤ人たちは、隣国のサマリヤ人に対して、徹底的な差別意識と偏見を持っていた。つまり軽蔑しきっていたのである。

もちろん、彼らなりの理由を持っていた。サマリヤ人も、昔は自分たちと同じ神の民イスラエル人であったのである。しかしイスラエルの民は、南と北に分れて王国を形成するようになった。そして北のイスラエル王国は、紀元前七二一年アッシリヤによって滅ぼされ、北王国の多くの人たちはアッシリヤへ移されて「失われた部族」になり、歴史から姿を消した。かろうじて国に残された人たちの間には、アッシリヤ支配下の異民族が移住してきたのである。そしてその結果による混血の子孫が、サマリヤ人と呼ばれた。ユダヤ人は、かつては同じ民族、今は異民族との混血によるサマリヤ人を徹底して嫌った。しかもこのサマリヤ人は、ユダヤ人たちが神の都としていたエルサレムに対抗して、独自の神殿をゲリジムの山に設けていたのである。民族的な侮蔑に加えて、宗教的な憎しみを、ユダヤ人はサマリヤ人に対して持っていた。

　傷ついた旅人の近くにきたのは、この差別され、軽蔑されていた一人のサマリヤ人であったのである。彼は傷ついた旅人を見ると、すぐその傍にかけ寄り、死にひんしていた旅人を甲斐甲斐しく介抱しはじめた。持っていたオリーブ油とぶどう酒でその傷をていねいに洗い、持ち合わせの布地か、あるいは自分の衣のすそを裂いてかして、その傷をくるみ、家畜にのせ、宿へつれて行って介抱し、翌朝、宿の主人にいくらかの金を渡して面倒を見るよう依頼し、立ち去ったのである。

隣り人イエス

　この物語を語り終えたイエスは、「隣人とはだれのことか」と問うた律法学者に、静かに尋《たず》ねられた。「誰が隣り人になったと思うか」と。

　祭司・レビ人は隣人にならなかったのである。なろうとしなかったのである。しかし、差別され軽蔑されていたサマリヤ人は、隣人になったのである。よき隣人になったのである。彼は傷ついた旅人を発見し、その傍にかけ寄り、そうすることによって隣人になったのである。隣人はあくまでも、なるものである。現代の社会において、私たちもまた傷ついた人たちを見出し、その傍にかけ寄って隣人になるべきだのに、それらの人たちを放置したまま「隣人とはだれのことか」と問う。人のみにくさと愚さは、昔からさほど変らない。

　しかし私はときどき思うことがある。――このイエスの語られた物語を読めば読むほどに、傷ついた旅人を見出し、かけより、それを助けたサマリヤ人にイエスの姿を見る。そして傷ついて、自分ではもう何ともすることのできない旅人に、私たちの姿を見る。私たちもまた、その無力さとみじめさにおいて傷ついた旅人と変らない。そうしてイエスの生涯は、このサマリヤ人のように無力なもの、弱い者を見出し、走りより、その無力さと弱さを自分のものとして負い給う歩みではなかっただろうか――と。

「隣人とは」と問うた律法学者への答えは、まさにイエスの生涯そのものであった。そしてイエスは私たちに対しても、「お前たちも隣人を愛せよ」と語りかけておられるのだ。

富者と貧者

——ラザロ物語と現実

宮崎　亮

ある殺人事件

ネパールの山の中、オカルドゥンガの小さな病院で五年間を働いてこられた医師、伊藤邦幸氏夫人で、御自身も医師である聡美さんが「忘れえぬこと」と題して、深い洞察に満ちた筆で——一つの殺人事件について書いておられます。

——四人の子をもつ女が殺された。その夫は、地主から前借りした金のために、農奴のようにただ働きを強いられていた人である。
容疑者は地主。女がその地主のジャガ芋を盗《と》りにいってみつかり、カッとなった地主にやられたらしい。お金があり、名士である地主は無罪となる。——

——遺されたやもめ男は、それからは働きながら四人の子を育てた。が、しょせん子どもには十分の手が届きかね、栄養不良がきわまって、幼児が餓死寸前の状態でオカルドゥンガの伊藤医師のもとへ運ばれてきた。診療が終ると、薬代も払えないその男は、「お礼に」と照れくさそうに卵二つとり出して受けとってくださいとさし出した（「卵二つ」はネパールのこの男にとっては、一年に一遍、口に入るか入らぬかという貴重な品である。聡美さんはその気持を感謝しながら、ついにうけとらなかった。いや、うけとれなかったのである）。子供たちは次々と死んでいき、その男も過労と栄養不良で、ついに昏睡状態でかつぎ込まれてきたが、まもなく死亡した。——

私はこの「忘れえぬこと」（医学と福音　一九七九年二月）を読みながら、地球の片隅で、いまも実際におこっている事実としてうけとめるとともに、ルカ伝にでてくるラザロのたとえばなしを想いだしておりました。

イエスの語ったラザロの話

或る富める人あり、紫色の衣《ころも》と細布とを着て、日々奢《おご》り楽しめり。又ラザロという貧しき者あり、腫物《しゅもつ》にて腫《は》れただれ、富める人の門に置かれ、その食卓より落つる物にて飽《あ》かんと思う。しかして犬ども来りてその腫物を舐《ねぶ》れり。ついにこの貧しきもの死に、み使たちに携《たずさ》えられてアブラハムの懐裏《ふところ》に入れり。富める人もまた死にて葬られしが、黄泉《よみ》にて苦悩《くるしみ》の中より目を挙げて遥かにアブラハムと、そのふところにおるラザロとを見る。

イエスの語られたこのラザロのたとえばなしは、四福音書の中でもルカ伝（一六章一九―二三）に固有な物語りです。ルカは貧しい者になみなみならぬ関心をよせております。マタイ伝では、「幸福《さいわい》なるかな、心の貧しき者」（五章三）とあるイエスのことばが、ルカ伝は、「幸福なるかな、貧しき者よ」（六章二〇）と書かれて（こころのがぬけているのもその一例です）、事実、ルカ伝は、「敗残者の福音書」ともいわれるほど、筆者の思いは、不公平な戦いを強いられてこの世に生きている人々の上に注がれております。右のたとえばなしを、ルカだけがとりあげたのは、このためでしょう。

ラザロのたとえばなしにでてくる富める人は「紫の衣や細布」を着ていた。これは、当時大祭司の着るもので、その値段は労働者の一日の賃金のおよそ百倍にあたるとのことで、毎日毎日、ぜいたくな暮しを奢り楽しんでいました。

一方、ラザロは貧しい人。敗残者、無能者、落伍者です。誰も相手にしてくれない孤独な、きたない乞食。蔑《さげす》まれて、路傍にうちすてられていた人です。

貧しいばかりではありません。いやな病気を持っておりました。近づくと、ゾッとするような悪臭《におい》があったにちがいありません。体中ができものでおおわれ、そのできものを、犬がなめているのです。犬を追い払う力もない、気力もないとかかれております。

これが人間的評価。しかし、神的評価、永遠の評価は異なっています。この世の実力者、金持ち、名士は、神によって火におとされ、ラザロは天国へあげられました。

ラザロは、なぜ、どんな理由でアブラハム（信仰の父とよばれた古えの敬虔な族長）のふところに迎えられ、永遠の祝福をさずけられたのでしょうか。貧乏と病気、それ以外にラザロのもっていたものは一つもありません。何の仕事もできず病気で動けない厄介者。妻からも兄弟からも友からも捨てられ、親からは勘当され、子もどこかへ行ってしまったのでしょう。この世にいてもいなくてもよい人間、いや、きっといない方がよい人間と見えたでしょう。そのラザロが地獄におちず、アブラハムのふところに入れられたのは、きっと、彼の霊魂が神によりたのみ、神を仰いでおり、運命を呟かず、平安に信仰の日々をおくっていたためといえましょうか。

富める人も死にました。きっと、死んだとき、沢山の名ある人、政界、財界の立派な人が集まり、素晴しい葬式が、荘厳に行われたことでしょう。大きな墓ができたことでしょう。

でも貧者、富者の差は、墓までで終りを告げました。富者は火におとされたのです。富める者が火におとされることとなったのは、ただ自分の家の玄関の前にいた貧乏人を放置し、無視していたという理由だけで十分だったのでしょう。それは、ぜいたくに暮していた彼の前に、ラザロが苦痛と飢えにさいなまれていても、ごくあたりまえのこととしか考えなかったことなのです。たとえばなしをされたイエスは、その点に聴く者たちの思いを向けさせようとされたのだと思います。

ナイジェリアの忘れえぬ人

このラザロのたとえばなしは、最近よみ返した私に、恐ろしいような警告を与えました。まさに私自身の心臓に匕首《あいくち》をつきつけられたようなおののきを感じたのです。

数年前、私たちの訪れたナイジェリアにも、まことにひどい生活がありました。ビアフラ戦争の最中でもあり、血と飢えと病い。絶望と不安と狂気が、たつまきのように平和な村々を襲っておりました。その村々の一つ、密林の奥に、三百人のハンセン氏病患者がひっそりと住んでおりました。その村、アフィアンシットの小さな診療所には——、診療所というのに、病気を治療する薬すらありませんでした。病のため神経がおかされていて、足に潰瘍ができることがあります。ひふにできた小さなできものがくずれて、深い穴になるのです。その傷にばいきんがついていても、抗生物質がなく、傷薬がなく、ほうたいがありませんでした。弱いものから、重症のものから、寝たきりの動けないものから、ばいきんに冒され、寄生虫に栄養をとられ、肉バエに血を吸われ、アリにたかられ、ネズミにおそわれ、ヘビにかまれ、野犬に傷をなめられ死んでゆくのでした。その中の一人に、私の「忘れえぬ」人がおりました。何日もとりかえたことのない黄色くなったほうたいを足に巻き、いいようのない臭気、そしてハエが真黒におおっていました。ほうたいをめくってみると、肉の間から骨がニョキッと出てきました。その底からゾロゾロはいだしてきたのは、何とウジ虫でした。

この患者は、私の顔をみて、「遠いところから私たちのために、よくきてくださった」とニコニコして手を握り、なかなかはなしてくれませんでした。その笑顔の中に、この世のものでないやさしさを感じました。でもその人は、僅か二週間後に再び訪ねていった私を、待っていてはくれませんでした。地上の不公平な戦いを勇敢に戦いおえて、静かに天国に召されてしまっていたのでした。

伊藤夫人に卵二個を差出したオカルドゥンガのやもめ男、ささやかな医療に感謝をおしまない南国の患者の笑顔、そしてあのラザロ。驚くほどの類似性がこの三人にあります。

伊藤聡美さんは、「貧しさの故にひもじい思いをしたことのない私には、あがいてもあがいても窮乏から抜けだせない人々の欠乏と、憂苦と、恐怖に対して、本当の同情をわかちもつということは結局不可能……」「自分たちだけは裕福に暮しながら、飢えの海に溺れかけている隣人たちに何の手もさしだしていないのに均しい私たちの生き方……」「せめてこの事実を忘れずにいたい……」とのうめきに似たことばを、その文の結びにのべております。

逆転

譬話《たとえ》の中で死後焔の中に落ちた金持ちが、「ラザロをここに遣《つかわ》して、彼の指先を水に浸し、私の舌を冷させて下さい」と叫んだのに対してアブラハムが、「お前は生前よいものでみちたり、ラザロは悪いもののみを受けていた。いまはそれが逆転するのだ」と告げられていることに注意したいと思います。この世的、現在的評価と、永遠の評価とは異なります。そこにドラマが生まれ、逆転も起ります。富める者がアブラハム(ここでは神を代表すると思われる)に対して、それならばせめて、自分の五人の兄弟がこのような苦痛を味わわぬように、ラザロをやって彼らに話をさせて下さいと訴えると、「いやいや、神の使いはこれまでも、何人となく世に送られ、警告は繰返し与えられている。その人たちにきかないような者は、誰が行ってもきく筈はないのだ」と拒否されてしまうのです。

ナイジェリアで、数十羽のはげたかが屍体を求めて不気味にたむろしている情況に、私は何度もであいました。「死体のある所には、またはげたかが集まるものである」（ルカ伝・一七章三七）私は自分自身に問いかけます。「神の目からみて、果して自分は屍体ではないのか？　生きた温かい人間の血が、全身全生活に通っているであろうか」と。真理を正義を神を敬う念が消えて、心が腐って死人同様になるとき、そこに、はげたか（の如き悪魔）が集まってきます。

「絶対的貧困者」と定義され、いつも飢えと病気に脅かされている人々は、発展途上国人口の約四〇％、八億人。そして彼らに心を向け、力をわかつ〝働き人〟はあまりにも数少ないのです。

「わたしたち強い者は、強くない者たちの弱さをになうべきであって、自分だけを喜ばせることをしてはならない」（ローマ人への手紙・一五章一）ということばを、日本の私たちもかみしめるべき時ではないでしょうか。

苦悩への感受性

――女を癒した主の愛のまなざし

大塚野百合

途上の出来事

ここに、十二年間も長血《ながち》をわずらっていて、医者のために自分の身代をみな使い果してしまったが、だれにもなおしてもらえなかった女がいた。この女がうしろから近寄ってみ衣のふさにさわったところ、その長血がたちまち止まってしまった。イエスは言われた、「わたしにさわったのは、だれか」。人々はみな自分ではないと言ったので、ペテロが「先生、群衆があなたを取り囲んで、ひしめき合っているのです」と答えた。しかしイエスは言われた、「だれかがわたしにさわった。力がわたしから出て行ったのを感じたのだ」。女は隠しきれないのを知って、震えながら進み出て、みまえにひれ伏し、イエスにさわった訳と、さわるとたちまちなおったことを、みんなの前で話した。そこでイエスが女に言われた、「娘よ、あなたの信仰があなたを救ったのです。安心して行きなさい」。（ルカによる福音書・八章四三―四八）

福音書の記述のなかで、右の女の癒しの話は、読むたびにわたしの心をうちます。群衆にまぎれて、イエスのみ衣のふさにこの病人がふれたとき、イエスが、力がじぶんから出て行ったのを感じられた、とあるからです。イエスの体内から力がでるのをご自身で感じられる、というのは、まさに一大事件です。そしてその力を注がれた人間は、何というすばらしい経験をしたことでしょうか。わたしもイエスのみ衣のふさにふれ、そのみ力をわけていただきたいと思うのです。

ところで、心してこの話をよむとき、わたしたちは、いくつかの驚きを感じます。

ひとつは、この奇跡が、会堂司《つかさ》ヤイロの十二歳のひとり娘が死にかけている家にイエスが赴く途上の出来事であるということです。（ルカによる福音書・八章四一―四二）

もうひとつは、レビ記一五章によれば、この種の病いをもつ女は、宗教的に不浄とされており、彼女がすわった所、寝た床は穢《けが》れ、それにふれた人も穢れるとされていたことです。それを知りつつ、この女は、彼ら民族の律法《おきて》を破ってイエスの衣にふれたのです。

医者であるルカは、彼女が十二年間もの長い間わずらい、だれにもなおしてもらえなかった、と伝えています。マルコによる福音書五章二六節には、「多くの医者にかかって、さんざん苦しめられ、その持ち物をみな費してしまったが、なんのかいもないばかりか、かえってますます悪くなる一方であった」と誌《しる》されています。

病苦に加えて、経済的な破綻と、人間に対する不信が彼女の心をくいあらしており、その上、宗教的に不浄とされていた病ゆえの疎外感が、彼女を底のない絶望におとしいれていたことでしょう。彼女が宗教的なタブーを犯して、聖なる人であるイエスのみ衣にふれたとき、彼女は癒しを期待するどころか、神の怒りにふれて死ぬかもしれないと覚悟していたかもしれません。何事が起るかわからぬまま、必死の思いでふさにさわったのでしょう。

いっぽう、イエスは、カペナウムの船着場から、ヤイロの家に向う途中です。イエスの足もとにひれふして、死にかけているひとり娘のために助けをこうこの父親の悲痛な表情は、イエスの全身全霊を、ただひとつのこと――死に臨んでいる少女を如何にして救い出すか――に集中させていたはずです。全世界にこの少女ひとりしか存在しないかのように、イエスはその全神経をはりつめて、彼女のために祈り抜かれたはずです。

ところが、そのイエスが、群衆にまぎれて、うしろから近寄ってみ衣のふさにさわっていやされた女の存在にはっと気づかれ「わたしにさわったのは、だれか」ときかれました。ペテロは、「先生、群衆があなたを取り囲んで、ひしめき合っているのです」と答えました。そのとき、イエスはいわれたのです。「だれかがわたしにさわった。力がわたしから出て行ったのを感じたのだ」と。

苦悩に対する驚くべき感受性が、このことばに現われています。イエスの力を必要としたこの女の必死のタッチが、イエスの力を引き出したのです。ヤイロの家にゆく途上、しかも群衆のひしめきの只中で、イエスは、ひとりの女の無言の叫びに応答したもうたのです。このことばをかけられた女は、「隠しきれないのを知って、震えながら進み出て」一部始終を公衆の面前で告白しました。宗教的禁忌を破った恐ろしさはもはや消え、病がなおり、もはや不浄の身ではなくったという驚くべき出来事に、彼女は震えたのでしょう。イエスの愛のまなざしのなかに、彼女は、新しい自己の誕生を見たはずです。

このようにとぎすまされた感受性を、イエスは、苦難にあえいでいる人々に対して示されました。そして、今日、わたしたちに対しても、同じような愛のまなざしが向けられています。心の奥に秘めているうずきをも、イエスは感じとり、祈りに答えて、癒してくださるのです。

無言の叫びに

イエスの愛にふれることによって、隣人の苦しみに対する感受性が鋭くなることを教えてくれた人は、フランスのカトリックの司祭であるミシェル・クオスト師です。その著書「神に聴くすべを知っているなら」(日本キリスト教団出版局)を読んで感激したわたしは、八年前ヨーロッパを訪れた際、師をル・アーヴルのお宅にたずね、二回、師を日本にお招きする委員会につらなることになりました。

「わが友」と題する詩は、こういうことばで始まります。

主よ、友だちと握手したとき
突然かれの悲しげな曇った顔をみて、かれの心の中に
あなたがおいでにならないのではないかと思いました

クオスト師は、友と握手する一瞬の間に、その友の心にイエスが居たまわないこと、彼の心が空虚であることを、その表情から読みとるのです。

第二回目の来日のとき、わたしが勤務している恵泉女学園で話されたひとつのエピソードを忘

れることができません。

師がカナダを訪れた際、テレビのインタビュー番組に出演されました。そのときのアナウンサーの表情があまりに気がかりなので、師は、番組終了後、その人と個人的に話し合う時間をもったところが、果せるかな、彼は、一大試練をうけたあとであったのです。

このアナウンサーは、息子と一緒に車でドライブに出かけたところが、事故を起し、二人とも車にとじこめられ、傷つき、息子は生命が危ぶまれたのです。そのとき彼にとって殊に耐えられなかったことは、息子に「お父さんはお前《ジュ》を愛《テーム》しているよ」といわないうちに、息子が息を引きとるかも知れない、というおそれでした。幸いに、彼は、どれほど息子を愛しているかを話すことはできたのですが、息子はその後間もなく世を去ったと、涙ながらに語ったというのです。

苦しみへの共感

この話を聞きながら、わたしは、クオスト師が、人の表情のおくに隠している苦悩に気付く鋭さをもっていることに感動しました。テレビでインタビューをしているアナウンサーは、息子を亡くした苦しみをおし殺していたはずですのに、この感受性のゆたかな司祭は、彼の特別なアンテナで、相手の悲しみの電波を感じとっていたのです。

このような感受性は、教師に必要ですし、わけても、母親にとって大事なものです。五年前アメリカで、健康的な家庭とは何かを実験的に研究した本が出版され、「織りなす綾」という題で出版されました（邦訳・国際医学出版）。その中に、「子供が投げかける合図に極めて鈍感である」母親の子供は、統合失調症になるおそれがあると書いてあります。

日本の家庭に、学校に、今必要なのは、子供が投げかける合図をわたしたちが敏感にうけとり彼らの心の奥の苦しみに共感することなのです。

さて、聖書にもどり、イエスがこの女にいわれた最後のことばをみましょう。「娘よ、あなたの信仰があなたを救ったのです。安心して行きなさい」。宗教的タブーを犯したこの女の行為をイエスは賞賛して、このように言われました。彼女の驚きと感激は、どのように大きかったことでしょうか。

そして、「安心して行きなさい」という慰めのことばがつづいたのです。彼女が生れてはじめてきいた優しいことばであったでしょう。このことばを発したときのイエスのほほえみと、やわらかな声の調子は、終生彼女が忘れることができないものであったことでしょう。

この出来事を読むときわたしたちは、この女の中に、女らしい素直な美しい性格を想像しがちです。しかし、もしかしたら、十二年間の苦難が彼女の心を荒らし、ゆがめていたかもしれません。その声も、すれっからしのはすっぱ女の声であったかもしれません。すてばちな女以外になれるはずのない境遇に彼女は置かれていたのですから。幸せな青春時代のみずみずしい心を、はるか遠い過去におしやっていたでしょう。

　ところが、イエスとの出会いによって、彼女の心は一気に潤され、表情の曇りは晴れ、声は澄んでやわらかになったでしょう。「安心して行きなさい」ということばは、毎朝のめざめに彼女の心によみがえったことでしょう。鳥のさえずり、咲きほこる花々、夜空の星をめでる心が、彼女の生活に華かさをそえたことでしょう。そして、何よりも大切な変化は、彼女が、まわりの人々の苦しみに気付くようになったことでしょう。この出来事のあとにも、彼女には、さまざまの肉体的、精神的な試練が訪れたことでしょうが、イエスの愛のまなざしによって生かされた彼女は、以前のように、自分ひとりの苦しみをかこつことなく、隣人たちの表情が投げかける悲しみのサインを、まちがいなく感じとる人間に成長したことでしょう。

悪人に手向うな
――永生への道程に立つ

藤林益三

「目には目、歯には歯を」

わたしはかねてから、「目には目、歯には歯を」ということばが、本当の意味で理解されないまま一般に使われていることが気になって仕方がない。

このことばは、聖書の中でも重要なマタイ福音書のイエスの山上の説教の中に引用句として出ているが、わたしのような法律家にとっては、法律に関係の深いことがらであるからでもある。

このことばは新聞などで案外よく使われるが、それはたいがいむごい報復のような意味で用いられているようである。
マタイによる福音書のイエスのことばに、

「目には目を、歯には歯を」と言われていたことは、あなたがたの聞いているところである。しかし、わたしはあなたがたに言う。悪人に手向かうな。もし、だれかがあなたの右の頬を打つなら、ほかの頰をも向けてやりなさい。あなたを訴えて、下着を取ろうとする者には、上着をも与えなさい。もし、だれかが、あなたをしいて一マイル行かせようとするなら、その人と共に二マイル行きなさい。求める者には与え、借りようとする者を断るな。(五章三八—四二)

とある。

「目には目、歯には歯」ということは、目に対して目を、歯に対しては歯を償《つぐの》えというタリオの法 lex talionis《レクス タリオニス》(同種復讐法)のことである。旧約聖書出エジプト記には、

命には命、目には目、歯には歯、手には手、足には足、焼き傷には焼き傷、傷には傷、打ち傷には打ち傷をもって償わなければならない。(二一章二三以下)

と出ているし、同じく旧約聖書のレビ記や申命記にも同じような語が見られる。これはモーセ律法の刑罰原理ではあったが、モーセにおいて初めて見出しうるものではない。前一八世紀ごろ、バビロニアの王ハムラビが、古代オリエントの法を集大成して有名なハムラビ法典を作ったが、タリオの法はその中にあるという。だから旧約聖書にモーセの律法《りっぽう》としてタリオの法は出ているが、モーセは前一三世紀の人といわれるから、モーセ律法はハムラビ法典よりもよほど後のものである。他人の片目を傷害した人は、罰として片目でもって償えばよいわけであって、殺されたり、両目をつぶされたりするわけではないから、そこに刑の限定がある。

これは地中海沿岸地域の古代諸民族に通じる一般的な法であって、報復をやわらげる方向を示したものといえる。すなわち無制約的な復讐を抑制しようとするものである。わたしはここに、いわゆる罪刑法定主義の萌芽がみとめられると思うのである。

法律と人権

法律の講義のようになって申しわけないけれども、罪刑法定主義ということは、「法律がなければ刑罰はない」ということばに表現されるが、歴史的には一三世紀はじめのイギリスのマグナ・カルタにかさのぼるといわれる。そしていろいろの歴史をたどるが、現在では全体主義国を除いては、罪刑法定主義は近代刑法の基本原則として、諸国であまねく認められている。わが国では、憲法三一条の「何人も、法律の定める手続によらなければ、その生命若しくは自由を奪われ、又はその他の刑罰を科せられない」とあるのがそれである。ここに「法律」というのは、制定された法律、国会において法律の形式で制定された狭義の法律を意味しているのであって、人権の保障のためにそのことが要求されているのである。講談できくように、殿様に無礼をはたらいたといって、その場で手打ちにされてはたまらない。法律による裁判を受けるということは大切な人権である。

しかし、この「目には目を」という原則は、イエスの時代にはもはや実際上は行われず、むしろ報復に替えるために、相当額の金銭賠償制度になっていたようである。

イエスは、この語に続いて「悪人に手向うな」という原則を述べていられる。たとい悪人が害悪を加えても仕返しをするなといわれるのである。ついで右の頬を打たれても打ち返さないばかりでなく、左の頬を向けてもう一度打たせよといわれる。次に不当に訴え出て下着を取ろうとする者には、もっと高価な上着までも付けてやれといわれる。三番目には誰かが不当に強要して一マイル行かせようとするなら、倍の二マイル行ってやれといわれるのである。ここで一マイルというのは原語では一ミリオンということで、約一キロ半に相当する。強要ということばには、徴発という意味があって、ユダヤ人を支配したローマの軍隊が、ユダヤ人に無理を強いた場合をいうのだと説く人もある。

これらのイエスのことばを率直に受けるとき、その根本義は実に明白である。悪に抵抗するな、いかなる悪をも許せ、そればかりでなく相手の要求以上に出よ、というのである。しかし、これに対しては実際問題として大きな反対がある。それは、もしいかなる悪をも認容せねばならぬとするならば、「キリストの弟子たる者は裸で歩かねばならないか」、もし打たれるならば打たれるまま、取られれば取られるままに放任して、すべての不義に制裁を加えないならば、家も国も社会も成り立たないではないか、また他国の不当な攻撃に対して防戦してはいけないというのでは、国は亡びるほかないではないか、というような非難がある。

誰に対しても善を

戦後三十五年、せっかく火筒《ほづつ》の響が遠ざかっていたのに、今日のように北からの脅威が強くなったといい、防衛論が盛んになって来たおりに、このような教えを説く者に対しては、亡国論者とのそしりを免れないだろう。とにかくこのイエスの言をいかに解すべきかは大問題である。わたし達はこれをいかに解すべきであるか。

わたしの師、塚本虎二先生が、戦前軍国主義に急傾斜していた昭和十三年頃、前掲のイエスのことばに関して教えられたところに聴いてみよう。

「第一に、これはクリスチャン個々の道徳であって一般人の道徳ではない。不信者も家も国も社会もかくあることは願わしいが、イエスはただ弟子たちだけにこれを要求された。信仰問題であって社会問題ではない。

第二に、これは福音であって律法《りっぽう》ではない。従って法律の如くこれを強要すべき性質のものではない。かつてある人が、『右の頬とあるが、もし左を打たれたらどちらを出すか、頭を打たれたらどこを出すか』、と真面目に議論しているのを聞いたことがあるが、そんな議論をすることが、すでにこれが福音（愛を告げるよきおとずれ）であることを忘れたものである。

試みにイエスの生涯について考えよ。彼の全生涯は悪しき者にさからうなということの実行である。そしてそれは十字架の死において冠された。しかしこれを律法的に見るならば、彼は必ずしもこの言を実行されなかった。彼は頬を打たれた時、ただそれを忍ばれただけであって、他の頬を向けられなかった。むしろ抗弁されたようである。」（塚本虎二著作集・二巻一二九頁要約）

要するに、このイエスの発言の実行如何を問題とするのは、イエスの福音の根本義を解しないからであろう。イエスの発言の真意は、相手の要求以上のことをしてやりなさいということにつきる。

わたし達愛の不足している人間には、相手の要求することを、してやるのが精一杯で、これすらも、やっとのことであり、またしたとしても、恩着せがましいことが多い。しかし、それならばまだ良い方で、相手の要求が当然の要求であっても、これに応えてやらないことが多いのである。

悪に勝つ愛

このイエスの教えを受けて、福音を宣べ伝えた使徒パウロの書いたローマ人への手紙には、

だれに対しても悪をもって悪に報いず、すべての人に対して善を図りなさい。あなたがたは、できる限りすべての人と平和に過ごしなさい。愛する者たちよ。自分で復讐をしないで、むしろ、神の怒りに任せなさい。なぜなら、「主が言われる。復讐はわたしのすることである。わたし自身が報復する」と書いてあるからである。むしろ、「もしあなたの敵が飢えるなら、彼に食わせ、かわくなら、彼に飲ませなさい。そうすることによって、あなたは彼の頭に燃えさかる炭火を積むことになるのである」。悪に負けてはいけない。かえって、善をもって悪に勝ちなさい。（ローマ人への手紙・一二章一七以下）

とある。これこそ愛の実践訓であろう。わたし達はあまり勘定だかすぎる。無限の愛の象徴で

あるイエスを仰ぐとき、またその父なる神を思いみるとき、わたし達の愛の乏しさを痛感する。そしてわたし達の罪が大きすぎるので、本当の神の愛を解しえないのではなかろうか。聖書の描くイエスの全生涯こそ、ことばの最も深い意味において、一つの大いなる〝愛のドラマ〟とよばれうるものであろう。

この世は永生を得るための準備の段階である。いつまでもこの地上の生にしばられていると思うが故に、人はこの世にあくせくとしているのである。一たび神から与えられる永遠の生命を思うとき、地上の憎悪恩讐は全く一時的のものとなるのではないか。

このように思いみるとき、愛によって、右の頬を打たれて左の頬を向けることもできようし、また場合によっては、相手の頬を打ち返すこともできるであろう。これが本当のキリスト教道徳ではないかと思うのである。

新約2

出会い——父なる神を仰ぐ

父の愛の物語

——ある兄弟のたとえ話と現代

吉田新一

失われた息子

少年少女の家出をわれわれは、現代の風俗か、現代病の一つの症候のようにとらえがちであるが、新約聖書ルカ伝第十五章第十一節以下に描かれている〈放蕩息子のたとえ話〉を読むとき、それが人間生活における、より普遍的で、永続的な問題であったことを改めて知る。

二人の息子をもった父がいる。ある日弟のほうが財産の分け前を要求して家を出ていく。が、やがて弟は散財をして無一文になる。そこへ飢饉が襲い、飢餓状態に陥ったところで父の家を思い出し、再び家へ帰ってくる。それを父はあふれる愛情で迎えるが、家にずっといた兄は、強くそれに反撥して、はげしく父を非難する。(以上・イエスの語られた物語のあらすじ)

このよく知られた物語を〈放蕩息子のたとえ話〉と呼ぶことに、私は抵抗を覚える。その理由は二つあって、ひとつは、弟を単純に放蕩息子(即、道楽息子)と呼んでかたづけてしまえないことであり、もうひとつは、この物語の真のテーマが息子たちよりは、父のほうにあるからである。ドイツでは昔から〈失われた息子のたとえ話〉と呼ぶと聞いているが、それははるかに含蓄ある呼称であり、さらにもっと明確に、美しい親心、人の親の愛の理想を描くことによって、父なる神の愛を語る物語のテーマをそのままに、〈善き父のたとえ話〉、あるいは〈父の愛のたとえ話〉という呼称を、よりふさわしいものと思う。

自立への寛容

ところで、人間が成長して子どもから大人になるということは、精神的自立をなしとげることであるが、子どもが自我に目覚め、自立をこころざしはじめると、親の庇護は束縛として意識され、まずその束縛からの解放を願いはじめる。大人への門口に立った彼(または彼女)は、みずからのきめた意志を妨害するものに（あるいは、妨害しそうなものに）反抗する。

たとえ話の弟も、親から離れるために家を出る決心をする。そして、子の権利である財産の分配を父に申し出て、それを受けとると、「幾日もたたないうちに」「遠い国へ」旅立ったと記されている。弟が、ただもう一刻もはやく、父のそばから離れて、父の影響の全く及ばないところまで脱け出したがっていたことが、それらのことばに端的に現われていよう。財産の分け前を請求するときも、いかにも唐突、性急で、そのすぐあと、矢もたてもたまらぬようにあわただしく家を出ていくようすには、自立にはやる青年の姿がありありと見えている。

物語では「……遠い国に行き、そこで放蕩に財産をまき散らした」とあるが、この文章からただちに弟が、もともと道楽息子で、思う存分放縦な生活にふけるために家を出たと見てしまうのは、読みが浅すぎるように思える。聖書の叙述《じょじゅつ》はつねに、出来事の経過をはぶき、結論だけを書く。現に、この物語の冒頭でも、弟の財産の分配の要求に対して、「父は身代を二人に分けてやった」と記されているのみであるが、こういう場合、父がまってましたとばかり二つ返事で息子の要求に応じるのは、かなり異例のことであろう。そう考えて改めて読みかえすと、「即座に」とか「喜んで」ということばも、あるいは「心を痛めつつ」といったことばも、そこには書かれていない。書かれていないからこそ、私たちはそこにいろんな想像をすることになる。たとえば、原話ではさいごまで姿を見せない母を、ここに登場させて、弟に無謀な決心をひるがえさせようと、父、母、兄と家族あげての説得がくりひろげられ、あげくは家族間のいさかいすらおこり、とうとう父が、母と兄のなだめ役にまわって弟の決心を認める、という想像ができよう。こう考えてくると、家族の母や兄には示しえなかった、深い、寛容な愛が、父によって示されたことがはっきりと浮び上ってこよう。

冒険者と兄

ところで神学者のヘルムート・ティーリケは、家を出る弟の心中を次のように想像している――「ただ一度だけ、何でもやってみたい。……ただ一度だけ、この身を乱舞させ、ただ一度だけ、底ぬけ騒ぎをするのだ。とにかく、その位のことはできるはずだし、そうでなければ〈一人前の男〉とは呼ばれないし、……あたらあらゆる可能性をもった芽を凋《しぼ》ませてしまうことになる……」

ここには自己の可能性をさぐる溌らつとした青年がいる。青年にとって未来は幾多の可能性をはらむ未知数である。だからこそ、青年は世界におどり出てみずからの未来に賭《か》けるそういう永遠の青年像を、出発する弟に読みとることは自然なことであろう。

ひるがえって今日の青年たちを見ると、すべてがとはいわないが、多くがこの旅立ちにきわめて消極的である。旅立つ青年の覇《は》気が、あまりにもとぼしすぎはしないか。自立できずにひたすら甘えて、父の家を出ようとしないモラトリアム青年が多すぎはしないか。

物語の兄は、家督をつぐべき長子でもあったが、家を出ない青年であった。彼はずっと父と共にいた。おそらく、家にいることで父を独占できると思っていたであろう。だのに、父（や母）がたえず、いなくなった弟を案じている。兄は次第に嫉妬の火をもやしはじめる。彼は父といっしょにいることで、愛と共感を深めるどころか、かえって父に対する不満をつのらせていったのであろう。憤懣《ふんまん》は弟の不意の帰宅で、いっきょに爆発する。兄は父をののしる。弟を呼ぶのにも「あのあなたの息子」といい、自分が兄であることを拒否する。それは同時に父との血縁の拒絶をも暗示している。それに対して父は「このお前の弟」といってたしなめるが、兄の答えはそれきりもうない。兄は父と同じ屋根の下にいながら、実は父と全く離れて生きていたのである。それに対して弟は、己の非を自から悟り、後悔して父のもとに帰る。弟は、父から離れることによって、父をほんとうに獲得したことになる。捨てることによって得る。落ちることによって昇る。そういう独特の逆説が、ここに見事に成り立っている。

こうして父は、次男は帰ってきたが、長男を失う。先きにいった「失われた息子のたとえ話」という呼称が含蓄があるといったのは、この点をさしており、そこには父の深い傷《いた》みも暗示されている。

異郷と故郷

ところで家を出た弟にもう一度、視点をもどしてみよう。家を出るときの彼の夢が大きければ大きいほど、やがて出会う挫折のショックも大きかったであろう。彼は自暴自棄になる。そこへ追い打ちをかけるように飢饉が襲ってくる。彼はついにどん底に陥る。しかし、堕《お》ちた果てに見えてくるものがあった。ふたたびティーリケの解釈を援用すると、弟が家に帰ることを考えたのは、自己嫌悪《けんお》が発端であったろうが、もしそれが単なる自己嫌悪であったら、弟はおそらくニヒリストになり、それは家に帰ることには結びつきはしなかったろう。ほんとうはそれとは逆に、父と、父の家が心に浮んだからこそ、弟は自分自身に嫌気がさしたのだし、それだからこそ、それが癒《いや》しをもたらし、家路をさし示す自己嫌悪でありえたのである。くりかえしていうと、彼は異郷の人々の中で自分自身に嫌気がさしたから家に帰るのではなく、故郷がはっきり心に認識されたから異郷にいるのが嫌になったのであり、その結果、異郷と流浪（すなわち、父から離れること）が一体何であるかを知ったのである。つまり「死に至るべきこの世の悩み」（コリント人への第二の手紙・七章一〇）ではなくて、父の歎きが彼を捉えたのである。

このたとえ話は、近代作家や現代作家によってさまざまな活用をされている。デフォーの『ロビンソン・クルーソー』では、父に背《そむ》いて家を出たクルーソーが、その天罰として孤島で長い孤立無援の生活を送らされるが、彼はその災いの中で、自分が〈生きているのではなく〉生かされていることに気づき、天の父との一体を改めて自覚して、孤島での外見的孤独を克服してゆく。彼はそういう人間的目覚めを、聖書の中の弟の体験を、みずからくりかえすことによってなしとげていくのであった。

リルケの『マルテの手記』の末尾も、同じく聖書のこの物語をふまえているが、そこでは弟は一家の末っ子としてただ愛されるだけの自分に耐えることができずに旅立ち、すすんで愛することの困難に孤独なたたかいをいどむが、さいごには愛することの極致である神への愛という、人間にとって途方もない難題に立ちむかう姿を、描きあげている。

また、アンドレ・ジッドは小品『放蕩息子の帰宅』で、第一次大戦後の、すべての価値が崩壊したさなか、弟は真の自己の実現を求めて、既成道徳や既成観念の象徴である家を棄てて旅立つが、けっきょく何も得られず、疲れ、諦《あきら》め、一切の価値どころか、自分自身にすら絶望して帰ってくる姿を描く。

このように、聖書のこのたとえ話には、さまざまな解釈が可能であるが、いずれも弟を、人間性の真の実現を求める、真摯《しんし》な若人としてとらえている点は興味深い。彼はけっして単なる〈放蕩息子〉ではない。われわれの分身として、物語に生きているのである。

待つ父

しかし、さいごにもう一度くりかえすが、この物語の真の主人公は父であり、息子はあくまでも副主人公である点を忘れてはなるまい。無知で、いたずらに反抗したがる息子をもつこの物語の父が、どのような父であったか。私もいま、自立の日の近い息子を持つひとりの父として、そのことを痛切に考えている。弟の帰宅と交代に、兄が家をとびだしていったことは、聖書の記事にはなくても、容易に想像できる。そしてその兄を、父がまた、一日千秋の思いで待っていることも、容易に想像できる。その待っている父に、私は父（即、神）の大きな、深い愛を読みとっているのである。

何を求めるのか

――ゼベダイの子らとその母

谷　昌　恒

若者たちと師

無名のイエスのもとには、多くの無名の若者たちが集まってきました。世に栄えることなど、今までにもなかったし、今後ともありそうにない若者たちです。その若者たちにはさまざまな不満が鬱積していました。日々の生活の貧しさと、次第に身心を蝕《むしば》んでくる無力感に苦しめられていました。

イエスの教えは新鮮で、不思議と、そうした積年の心の渇きをいやすものがありました。悲しみが悲しみでなくなってくるのです。辛い辛いと思っていたことが、実はそうした辛さと死闘している明け暮れにこそ、生きる励みがある。一切の苦しみを消し去ってしまったら、むしろ、得体の知れない無聊《ぶりょう》に悩むことになるかも知れない。若者たちはそんな風に考えはじめてきたのです。自分たちの意識が大きく変ってきたことを感じていたのです。世に出て、名をあげようなどという気持からは、とうに卒業できたように思えるのです。

若者たちはいよいよ深く、その師に傾倒していきました。

イエスの声望はようやく国内をおおうほどになってきました。今では、優に一つの教派を成して、若者たちの予想をはるかに越え、大きく力をのばしてきました。若者たちが迷いはじめたのはこの時です。これならば、かなりのところまでいける。ひょっとしたら、天下を制圧できるかも知れない。無名の若者たちの間に、何とも不思議な興奮が湧いてくるのでした。

若者たちばかりではありません。下積みで、長い年月をすごしてきた親たちの間にも、期待とあせりが見えてきたのです。陽の当る場所にいる人たちへの嫌悪や批判は、自分たちにもその可能性がめぐってきたと知ると、たちまちに霧散してしまったのです。

一つの機会

そのとき、ゼベダイの子らの母が、その子らと一緒にイエスのもとにきてひざまずき、何事かをお願いした。そこでイエスは彼女に言われた、「何をしてほしいのか」。彼女は言った、「わたしのこのふたりのむすこが、あなたの御国《み》で、ひとりはあなたの右に、ひとりは左にすわれるように、お言葉をください」。（マタイによる福音書・二〇章二〇―二一）

そのときというのは、エルサレムへの途上にあったイエスが、自らの受難を予告したことをうけているのです。イエスは十二弟子をひそかに呼びよせ、自分はやがて祭司長、律法学者の手に渡り、死罪をいいわたされ、あざけられ、むち打たれて、十字架上の死をとげることを告げているのです。

しかし、その予告の意味は、若者たちにはとうてい理解できませんでした。教勢は上向いていると信じ、すでに不思議な高まりを見せていた一同の熱気は、事態の苛酷さを認めようとはしなかったのです。何か非常な困難が迫っている。危険が近づいている。そのことはおぼろげながら分っていました。しかし、その困難の後に必ずやってくるに違いない師の勝利、偉大なる栄光の瞬間の予感に、むしろ、胸のおどる思いをしていたのです。事実、イエスも、死後三日目にはよみがえると言っているのですから。

今だ。この機会をのがしたら、とりかえしのつかないことになる。ゼベダイの子ら、すなわちヤコブとヨハネと呼ばれた二人の兄弟の母はそう思うと、もう無我夢中でイエスのそばに走りよったのです。息子たちと一緒に、いやむしろ息子たちを引きずるようにして、イエスの前にやってきたのです。

ひざまずいて、ぼそぼそと訴えはじめました。

思いつめたその表情から、何やら願いごとをしていることは分るのです。上気した顔に汗がふき出しているのです。しかし、少し恥らいを見せて、話がよく聞きとれないのです。

「何をしてほしいのか」。イエスは促すように、そして勇気づけるように、やさしく女に聞きかえしたのです。

「先生、うちの二人の息子、さきざきとも、どうか重く用いてやって下さい。おそば近くにおいて、可愛がってやって下さい。ぜひ、そう命じて下さい」

女は一気に、そして今度ははっきりとそのように言いました。イエスの瞳が、一瞬、淋しく曇ったことなど、女は全く気付いた風もありませんでした。

イエスのもとに集まった一団の若者たちも、所詮は人間の集団です。そねみもあり、中傷も争いもありました。ひそかにイエスの寵愛を得たいとは、誰しもが考えたことでしょう。イエスが愛した弟子という福音書中の表現があります。仲間の一人がイエスの特別の愛をうけ、すべての弟子たちがそれを心から祝福していたなどと、天使のあつまりのような人間模様を思いえがくことはできないのです。

やがて、次第にペテロが頭角をあらわし、仲間たちの間で指導的な立場に立つようになります。しかし、次のような記事は、私には大へん気になるのです。

裏切る者に

イエスがこれらのことを言われた後、その心が騒ぎ、おごそかに言われた、「よくよくあなたがたに言っておく。あなたがたのうちのひとりが、わたしを裏切ろうとしている」。弟子たちはだれのことを言われたのか察しかねて、互に顔を見合わせた。弟子たちのひとりで、イエスの愛しておられた者が、み胸に近く席についていた。そこで、シモン・ペテロは彼に合図をして言った、「だれのことをおっしゃったのか、知らせてくれ」。その弟子はそのままイエスの胸によりかかって、「主よ、だれのことですか」と尋ねると……（ヨハネによる福音書・一三章二一―二五）

弟子の一人がイエスを裏切るのです。事は重大です。裏切り者は誰だ。率直で、少しあわて者のペテロは、大声でわめき出していたはずです。それがペテロらしいのです。しかし声をひそめ、愛弟子を介して、「先生に聞いてくれ」と言っているのです。それを取りついでいる愛弟子の態度はいかにも甘ったれています。事が事だけに、この人間関係はまことに微妙をきわめていると私は思うのです。

イエスを中心に、弟子たちの親疎、軽重の間柄は次第に明らかになってきていました。ぬかってはならない。ゼベダイの子らの母はそう思ったのです。彼女はイエスの母マリヤの姉妹であったとも考えられるのです。だとすればヤコブとヨハネはイエスの従兄弟です。近い縁故関係は利用しなければ損です。

「あなたたち、何をぼやぼやしているの。さあ、母さんが一緒に行って上げるから、ちゃんとした地位を約束してもらいなさい」。こう言って、彼女は息子たちを連れて、イエスのところへ来たのです。

十人の者はこれを聞いて、この二人の兄弟たちのことで憤慨した、と伝えられています。しかし、その憤慨も仲間を出しぬいたことへの怒りであり、むしろ、みながあわてふためいている様子が手にとるように分るのです。そうした願いが、どんなにか恥知らずなものであり、この時点でのイエスの深い心中の苦悩を思えば、いかに心ない行為であるかなどという理解は、おそらく誰の胸の中にもないことであったと思うのです。

ユダはイエスを敵に売り、明らかにイエスを裏切ったのです。イエスの志を理解しない。理解しようとしないばかりでなく、めいめいが勝手に、自分のエゴをイエスに押しつけていた。そういう意味では、弟子たちのすべてがイエスを裏切っていたのです。イエスはただ、弟子たちの無知のゆえに、静かにそれを許しておられたのです。

この物語の臆面もない女の強要に対しても、イエスは、「あなたがたは、自分が何を求めているのか、分っていない」、とだけ答えておられるのです。この答えの意味するところはまことに深いのです。

教育の目的は？

ヒルティというスイスの法律家がおります。キリスト教の信仰と、深い思索にもとづいた多くの名著があります。なかに、某地の夫人にあてた形で書かれた教育論があります。良い教育法とはいかなるものであるか。夫人はそのようにたずね、ヒルティは長い書簡でそれに答えているのです。

「あなたはまず、お子さまたちをどんな人間にするおつもりなのか、それがお分りになっていなければいけません。それによって、あとのことは、きまってくるのです」。ヒルティはまずそのように答えているのです。

教育法を問うならば、教育の目的を確立する必要がある。子どもを、いわゆる「有力者」、教養もある金持の「成功者」にしたいのか、高貴で、善良で、誠実な人間にしたいのか。その目的次第で、育て方は違うと言うのです。

ヒルティの答えはいかにも静かで、しかも、まことに断固とした響きがあるのです。それは、

「あなたたちは自分の求めているものが分っていない」と言うイエスの嘆きを、しっかりと現代の社会の中で受けとめたものだと思うのです。

高い地位についたものは、大きな責任を負うことを知らなければならないのです。そのことを忘れるならば、それは当人の不幸ばかりではなく、社会の、国の悲劇なのです。イエスはそのことを説いておられるのです。

あなたたちは、その望むところの重さを知らなければいけない、と答えておられるのです。労少くして、その地位につくことはできないのです。その地位について、憂いの軽いはずもないのです。イエスは十字架の上で、あがないの血を流し、今も流し続けておられるのです。その痛みが分るか？

ゼベダイの子らの母に、イエスはそのように問うておられるのです。

渇きをいやすもの

――サマリアの女と救主

栗山百合子

一つの出会い

「考えてみると洗礼を受ける気持になった理由などというのは、口に出してはすぐうそになる性質のものではないかと思います。口に出したとたんにうそになるような気がして、とてもしゃべれないことですが、ただある程度は表現しなければわかりませんからお話ししようと思います」と前置きして、作家の大原富枝さんは「私にとっての神」について、ある本（対談集）の中にいっておられる。たしかに回心とは神が人間の心の深奥にふれて、それを変えられる業《わざ》であり、それは本人ですら解明出来ない微妙な反応・屈折を経て与えられる不思議な体験であり恵みである。

回心とは、人間にとって表現し難いドラマである。一言で回心を定義づけることは難しいが、それは神が恵み深い方であることを知る喜びであり、また全人格と全生活が神に捉えられ、人間が悔改め、罪を憎み、罪と訣別し、一人の新しい主《しゅ》に全霊をあげて献身することである。決定的な動機は、量《はか》り知れない神の慈愛に出会うということであり、そこで神の恵みに対して心の目が開かれ、自分の罪と神からの背反《はいはん》を認識するようになることである。人は皆自分ではそれとは意識せずに、「神と出会うこと」「真の幸せ」「永遠の平和」等を求めている。何かのきっかけが与えられると、心中に人知れずフツフツと湧いているその望みに気付くようになる。消そうとしてもそうすることの出来ない渇《かわ》きを見出すこと、それが〝恵み〟である。そしてそこから各自独特の回心への道が開けるのである。

井戸辺にて

新約聖書の中には、劇的な回心の場面が数多く見出される。サウロと呼ばれた聖パウロの回心の話はあまりにも有名であるが、その他、取税人ザアカイ（ルカによる福音書・一九章）、マグダラのマリア（ヨハネによる福音書・八章）、サマリアの女等の回心の場面にも、それぞれ人間の内に行われる神の業《わざ》が描かれている。私は特にサマリアの女と話される人間イエズスの姿にいつも感動する。あたたかい、しかし威厳にみちたイエズスが私に迫り、イエズスによって変えられた女の魂《たましい》の躍動が心を打つ。この場面には（ヨハネによる福音書・四章四―四二）特に「エゴ・エイミ」（我なり）というイエズスの「この世の救い主」としての宣言が行われていて、非常に劇的である。そこで、ここでは暫くこのサマリアの女に語られるイエズス・キリストの姿を見つめながら、この女の中に起っている変化を味わってみたいと思う。

聖ヨハネは、特にキリストの神性を強調した弟子であったが、この個所では、珍しくイエズスの人性について心を配って書いている。強い真昼の日ざしをうけて、ここシケムの井戸端に座っておられるイエズスは、ユダアからの長い旅の後、ほこりにまみれ、疲労し、咽喉は渇き、飢えを感じておられる。人間の弱さを、私達と同様に体験しておられるイエズスは、しかし今、こちらに近づいて来る女を待っておられる。弟子達は食物を買いに町に行き、彼は一人残って、これから行われる女との会話、ご自分が救主としての宣言をなさること、またシケムの町の人々の回心がこの女を通して行われること等を思いめぐらしておられるようである。この女のよからぬ生活を知りながら、自ら彼女に近づき、ご自分の宣教者として彼女を選ぼうとしておられるイエズスの期待が感じられる。

いつも同じ過ちを繰返している私にも、キリストはこんな風に期待していて下さるのであろうか――と思う。

生ける水

女が近寄ると、イエズスは身を低くして、水を飲ませてくれるように頼まれる。天地万物の主である神のみ子でありながら、また人のためなら、水を葡萄酒に変えることも出来る方でありながら、今この女に水一杯を乞うておられる。ユダア人は混血民族のサマリア人を軽蔑していたし、道で男性が女性に話しかけることなど考えられなかった当時に、このイエズスのとられた態度は女を驚かせる。女は反発的に問い返す。「あなたはユダア人なのに、どうしてサマリアの女に飲み水をお求めになるのですか」と、女の口調には皮肉がある。しかしイエズスはおだやかに答えられる。

「もしあなたが神の賜物を知り、またあなたに水を飲ませてくれという者が誰であるかを知っていたなら、あなたの方でその人に求めたことでしょう。そしてその人はあなたに、生ける水を与えた事でしょう」と。イエズスのいう「生ける水」とは何であろうか。それは人の心の中で絶えず湧き出て、私達を永遠の命に導く水、すなわち人に命を与える神のみことば、または聖霊のことである。しかし今彼女には、イエズスの深遠なみことばの意味が悟《さと》れない。単純に「湧き出る泉」と解釈してしまう。イエズスの説明は更に続く。「この水を飲む者は、誰でも渇きます。しかし私が与える水を飲む者は、誰でも決して渇くことがありません。私が与える水は、その人のうちで泉となり、永遠の命への水が湧き出ます」と。女は思わず「先生、私が渇くことなく、もうここまで汲みに来なくてもよいように、その水を下さい」と頼んでしまう。小アジアの砂漠地での水は貴重である。離れた井戸からの水汲みは、女達の欠かすことの出来ない仕事であり、それは毎日の辛い労働である。この女が「その水を私に下さい」と願ったのは、もっともなことである。

私達現代人も渇いている。次から次へと己れの欲望を満たす物を手に入れながら、渇いている。便利な物、珍しい物、美味な物を求め続けて渇いている。何故だろうか、私達は余りに忙し過ぎて、内的な渇きに気付かず、それを癒《いや》す水を飲んでいないからではないだろうか。一年に、聖書は百万冊売れるというのに、キリストへの信仰に至る人は三万人に達しないという。真に人間本性の渇きを知り、それを満たすものを求めるに至る〝恵み〟の導きがほしい。

ただ一つのこと

イエズスに出会う人は、誰でも変えられる。イエズスに「夫をつれてくるように」といわれ、女は「夫はいません」と答えるが、思いがけなくイエズスから、彼女は既に五人の夫を持ったことを指摘され、愕然とする。しかしイエズスの中にいいつくせぬ慈愛と威厳を感じとっていた女は、ここでイエズスを預言者と認め、日頃悩んでいた問題、すなわち自分たちの礼拝の場所について尋ねる。この方は私の事を理解し、惨めさも知っている。それでいて咎《とが》めず、そのまま受入れていてくれる、と感じる時、その人の心の底にある煩悶が自ずと口に出る。そしてそれが人間の在り方を変える契機になる。

イエズスは女に向って、大切なのは礼拝の場所ではなく、礼拝の仕方であることを説明される。「真の礼拝者達が、霊とまことによって父を礼拝する時が来ます。今がその時です。父はそのような人を礼拝者として求めておられるからです。神は霊《れい》ですから、神を礼拝する者は、霊とまことによって礼拝しなければなりません」と。女はイエズスにいった。「私はキリストと呼ばれるメシア（救世主）の来られることを知っています。その方が来られる時には、一切の事を私達に知らせて下さるでしょう」と。ご自分を現わす時が来たのを知られたイエズスの澄んだ眼が、じっと女にそそがれる。よく私を見なさい。今私は重大なことをあなたに告げます、といっているかのように。そして静かな声が響く。「あなたと話している私がそれです」と。それこそが女の全人間が、神に捉えられる瞬間である。思わず息をのむ彼女の姿が眼に浮ぶ。井戸端に水を汲みに来て、見知らぬユダア人に水を乞われ、彼と言葉を交わしながらその人柄にひきつけられ、ためらうことなく自分の思いを言い現わして来たこの女、イエズスの言葉の秘義を悟ることの出来なかったこの女、しかし今、イエズスはこの女に、ご自分を現わされたのである。劇的な恵みの一瞬である。

先に述べた大原さんは「受洗の動機は他の色々な要素が重なり合っているとはいえ、九十歳になり、自分では寝返りも出来ない板のような体になりながら、人の世話になって五年も生きている彼の母の姿を見たということです」と述べておられる。四十年ぶりに対面した老人は、かつての恋人の母。その意志で旧家の養子とされた彼は、開戦間もなくバタアンに散った。「その時のことが私にとって、洗礼を受けようという決心につながってゆきました。つまりその時から、――人の世話にはなるべくならない。人に頼りたくない。自分の出来る範囲で精一杯努力すればよい。辛いことがあっても絶対に人にいわない、といったつっぱりが、それまでは私の心の中で一本の凍った柱のようになって私を支えていたのですが――それが少しずつとけ始めました」と語っておられる。神が、彼女の心に働き始めたのである。

　イエズスが救い主だと悟った女は、今までの自分を捨て、自分を離れて、水瓶をそこに置いたまま町に走った。「来て見て下さい。私のしたこと全部を私に言った人がいるのです。この方がキリストなのでしょうか」とふれ廻りながら、今、女にとってたった一つ大切なことは、人々を彼の許につれてゆくことであった。面子《メンツ》などかなぐりすて、ただそのことだけに夢中になって、キリストに生き始めた人の姿である。聖パウロも、ザアカイも、マグダラのマリアも、皆キリストに出会ってその生き方が変った。私もそうでありたいと思う。受洗の時の一回限りの回心ではなく、日々新たな回心を続ける〝恵み〟を頂きながら、また人びとの回心のために、神が私を道具として使って下さるように祈りながら。

人間至上主義の破綻

――『罪と罰』にみる復活の意味

吉村善夫

因果の不公正

ドストエフスキー作『罪と罰』の主人公ラスコーリニコフは、金貸しの老婆を殺害して、金品を強奪します。けれどもそれは、単なる物欲による殺人強盗ではありません。彼はこれによって、世界の秩序の根源である道徳を否定し、さらにその道徳によって世界を支配する神を否定しようとしたのでした。どの時代のどこの国の人々も、みな善因善果・悪因悪果、つまり善にはよい報いがあり、悪には悪い報いがあると信じています。あるいはそう信じたがっています。それが神のみ旨《むね》であり、それが正義であるというわけです。それを信ずればこそ、人々は悪を避け、善をおこなうのでしょう。

ところが現実の世界は、必ずしもそのようには運行していず、むしろ悪人が栄えて善人が苦しむというのが通り相場です。この事実を前にしては、誰しも悩乱します。「天道是か非か」は、万人の嘆きです。多くの人々は正義の建前と実際の利益追求とを、適宜に使いわけます。けれども熱烈な理想主義者であるラスコーリニコフは、そんな器用なまねができず、あくまでも徹底的にこの問題を追求し、ついに道徳も神も虚妄の観念にすぎないと結論して、前人未踏の大胆な非常人論を構築します。それによると——人類の大部分を占める常人は、この（道徳）観念に呪縛《じゅばく》されてその下に戦慄しているが、ごく少数の非常人（超人）はその正体を見破ってこれを踏み越え、自分の欲することを新しい法律道徳として宣布します。すると常人たちは、これに慴伏《しょう》し、追随するというのです。彼はその実例を、ソロン、リュクルグス、マホメット、ナポレオンらに見ます。大量殺人を犯したこれらの大犯罪者たちは、決して非難されず、むしろ英雄として崇められています。人類の歴史は、彼らによって進展してきたのです。しかもこの虱《しらみ》のような常人と、神のような非常人との違いは、何らかの能力の差ではなく、ただ自己の意識において道徳と神を否認するか否かという、きわめて容易な決断一つにかかっている——というのです。

彼はこの思想を完璧な論理と確信しますが、同時にまた一方では、貧乏書生のすき腹から生まれた妄想にすぎないのではないかと疑い、その相剋《こく》に懊悩《おうのう》します。そのあげく、彼はついに一かばちかの気持で、老婆殺しを敢行します。自分が法律や道徳を超える非常人であることを、自分自身に立証するためです。

けれども、彼はそれでもって、神のように自由な非常人という自意識を獲得することはできず、逆にその血まみれ行為の醜悪さに身ぶるいし、はたして自分は正しかったかどうかと、またしても懊悩を重ねます。

ラザロの復活

彼はある日、ふとしたことから知った娼婦ソーニャの足に接吻します。それは彼の立論の出発点となった「故なくして苦しめられる人間」の象徴を、彼女の中に見たからです。彼女は飲んだくれの父親と、ヒステリーの継母と、腹違いの幼い弟妹を養うために、身を売って稼いでいます。篤信の彼女は、罪の意識のために自殺を思いながらも、後に残る彼らのことを考えるとそれもできず、生きるに生きられず、死ぬるに死ねないという絶望状態の中で、ひたすら神によりすがっています。彼はそのような彼女を、みずから理性の目をくらます狂信者と見なし、それを確めるために、聖書の中のラザロのところを読んでくれと、彼女に頼みます。ヨハネ伝第一一章、イエスが、死んで墓に葬られたラザロを甦《よみがえ》らせるくだりです。彼女は昂奮しながら読みすすみま

す。そしてイエスが墓の前に来て、まさに奇跡をおこなおうとし給うところになると、

「イエス（マルタに）言い給う『われは復活《よみがえり》なり、生命なり、われを信ずる者は死ぬとも生きん。おおよそ生きてわれを信ずる者はとこしえに死なざるべし。汝これを信ずるか』彼（マルタ）いう」

ここでさも苦しげに息をつぎ、区切りをつけてはっきりと一生懸命になって読みました。さながら全世界に向かって、自分の信仰を告白してでもいるように――

「主よ、然り、われ汝は世に来るべきキリスト、神の子なりと信ず」

死者を甦らせる神、それが彼女の信仰告白でした。それゆえに彼女は、「主よ、彼ははや臭し、墓にあること既に四日なればなり」とことさらに力をこめてこの「四日」という言葉を発音し（「墓にあること四日」とはその死が仮死でなく、完全な死であることを意味します）、また「かく言いて声高く――ラザロよ、出で来たれ――と呼ばわり給えば、死せし者……」と、ここでもことさらに力をこめて、「死せし者」と発音します。彼女はラスコーリニコフに対して、神とはまさに全く望みのないところに望みを与え、あり得べからざることをあり得させる神、人間の論理を破る、背理の神であることを力論するのです。

自分の人間的論理を一切の判断基準にして、あの非常人論を打ち立てたラスコーリニコフにと

って、そのような神への信仰は、不合理な狂信にすぎないのですが、ソーニャにとっては、そのような神であってこそ、はじめて真に生ける神であり、人間的論理が是認しうるような神は、人間の理性の代名詞にすぎないのでしょう。そしてこの違いは、罪の自覚の有無から生じるようです。

ラスコーリニコフは、悪人が栄えて善人が苦しむという不公正を容認することができなかったのですが、その際彼は、自分自身を善人の側においています。彼にとって、それは改めて検討するまでもない、自明のことだったのです。そしてそれも、ある意味では無理もありません。熱烈な理想主義者である彼は、火事場から幼児を救い出したり、貧乏な肺病やみの友人の面倒を見たり、数々の善行を行なっています。ところが娼婦ソーニャは、自殺を思うほど強い罪の意識に苛《さいな》まれています。善因善果・悪因悪果という人間の論理に従えば、彼女には、救われる望みがありません。そのような彼女にとって唯一の望みは、ラザロを復活させたイエス・キリストの父なる神だけです。彼女にとって死者の復活は、赦すべからざる罪を赦す、という意味をもっているからです。義人ラスコーリニコフが神に求めたのは義の嘉納ですが、罪深い女ソーニャの求めたのは、罪の赦しです。彼女は

「健やかなる者は医者を要せず、ただ病ある者、これを要す。我は正しき者を招かんとにあらで、罪人を招かんとて来れり」(マルコ伝・二章一七)

と言い給うイエス・キリストによりすがって、はじめてあの絶望的状況の中で生きえたのです。

ラスコーリニコフはこのソーニャを、狂信者としながらもなお惹かれるものを感じて、彼女に自分の犯罪を打ちあけます。するとソーニャは夢中になってこの殺人者を抱いて接吻し、「この世界は広いけれども、今あなたより不幸な人はありません」と叫んで嗚咽《おえつ》しました。

信念の転回

ラスコーリニコフは裁判の結果シベリヤへ流され、ソーニャはその流刑地まで、彼について行きます。彼は獄舎で自分の思想と行為をくりかえし検討しなおしますが、そのどこにも誤りを見出すことができません。けれどもいつとはなく、ソーニャに感化されて変わっていきます。彼は一つの夢をみました。それは全世界の人類を、ことごとく滅ぼしつくした恐ろしい伝染病の夢です。その病原菌は、人間の自己確信でした。この病原菌に冒された者は、みなめいめい自分の判断や、信念や信仰を絶対視し、気違いのようにただ自己を主張して互に相争い、滅ぼしあい、ついには全人類が滅びて、僅に残った四、五人の者が、新しい人類と新しい生活を、創造し始めるというのです。

すなわち彼は、どこにも誤りを見出しえない完璧な論理と確信したあの非常人論も、実は恐るべき病毒菌による狂気の妄想であり、このような自己確信と、これにもとづく自己主張こそは、この世の争闘と混乱の根源であり、それは全人類を自己破滅に導くと悟ったわけです。

先に世界の不公正を見て神の責任を糾弾した彼は、今やそれを人間自身の不義暴虐とし、しかもその根源が、彼自身において最も強い自己確信にあると悟ったわけです。

このようにして、彼は思想信念の大転回をおこない、更正のきっかけをつかみました。ある朝早く、あたりに人影もない労役場の河岸で、彼はソーニャの足もとに身を投じ、泣いてその膝をかき抱きました。「彼らを復活させたのは愛であった。そして一方の心が他の心のために、生の絶えざる泉となったのである」と作者は結びます。その愛は、人殺しを抱擁するアガペーの愛（隣人愛）であり、ソーニャは自分自身が、〝赦すべからざる罪を赦す神の愛〟を、その身に受けていたから、これを彼に注ぐことができたのでしょう。

近代人の運命

ラスコーリニコフは、特異な妄想狂ではありません。作者は彼の物語を通して、近代精神の正体を解明し、その来るべき破局を警告しようとしたのです。近代精神の核心は、ヒューマニズム（人間主義）にあります。人間主義は、異論のない立派な思想であり、近代社会はこれを原動力として、目ざましい進展をとげました。けれども、人間主義は単なる人間主義に止まっていず、いつしか人間以上の権威を排除して、人間至上主義になりました。しかも人間一般なるものは存在しないため、それは結局、人間ひとりひとりの自己至上主義となり、それがたがいに衝突しあって、この世は恐るべき修羅場となり、ついには全人類が自滅しかねません。来るべき核戦争を思えば、それも杞憂とは言えますまい。ドストエフスキーは百年以上も前に、この破局を警告しているのです。そして彼はこの破局からの救済を、アガペーの愛に求めたのでした。

聞く耳ある者、聞くべしです。

青年の生と死

――パウロのローマ人への手紙から

吉田満

死との対面

学徒出陣で海軍に入った私は、少尉として戦艦大和《やまと》に乗組み、昭和二十年四月、二十二歳で沖縄特攻作戦に参加した。大学時代は、平均的な学生として過ごした。聖書は時々読んだが、それまで教会に行った経験はなかった。

戦争の本質や、自分が戦争に参加することの意味について、艦上勤務のあいだに、苦しみながらくり返し考えたが、納得できる結論はえられなかった。しかし内地に残してきた日本人の同胞、とくに婦女子や老人と、祖国の美しい山野を、ふたたび平和が訪れる日まで護ることができるのは、われわれ健康な青年であり、そのために命を捨てることがあってもやむをえないと、自分に言いきかせるように努めた。

この沖縄作戦は、帰りの燃料を持たない必死の特攻出撃であった。したがって、はじめから戦死の覚悟は出来ていたはずであるが、米機動部隊との激しい戦闘が一段落して、小休止のような静寂が艦を包んだとき、私は肋（あばら）骨の下から、何ものかが呼びかける声を聞いた。

——お前、死に瀕したる者よ　死を抱擁し、死の予感をたのしめ
死神の面貌はいかん？　死の肌触りはいかん？
お前、その生涯を賭けて果せしもの、何ぞ　あらば示せ
今にして自らに誇るべき、何ものもなきや——

私は、身もだえしながらその声に答えた。

——わが一生は短し　われ余りに幼し　許せ　放せ
死にゆくものの惨めさは、自らが最もよく知る——

いよいよ確実な死を眼前にしたとき、自分の一生をかえりみて、そこに何一つとるに足るものがない事実を改めて知った、惨めな苛立たしい気持を、私はこのように正直に、手記（戦艦大和ノ最後）に書いている。

しかし死を前にした人間の空しさは、人間そのものの本質に根ざしていることを、聖書は明らかにする。


「わたしは、なんというみじめな人間なのだろう。だれが、この死のからだから、わたしを救ってくれるだろうか」（ローマ人への手紙・七章二四）

いかに生きるか

もし私が死神にとりつかれたまま戦死したとするなら、死を迎える瞬間に、無際限に深い空洞が、あるいは底の知れぬ暗黒が、私の落ちこむのを待ち構えていたにちがいない、と想像できる実感があった。事実、乗組員の九〇％以上が戦死したが、出撃の半ばで艦が沈没し、作戦が中止されたため、私は生き残った駆逐艦に救助されて、奇蹟的に生還した。

それから、入院して戦傷の治療を受けながら考えたのは、「いかに死ぬか」という設問は、すなわち「いかに生きるか」という問題ではないか、ということであった。いざ死に直面したときに、ある悟りとか、特別の死生観とかが都合よく自分を助けてくれる、というようなことはありえない。あくまでも、平凡な毎日を生きている、ありのままの自分、頼りになるのは、それだけである、と思いあたるものがあった。そのことを、私は手記に次のように書いている。

——死、わが身に近き時、かえって遠ざかり、生、安らかに全き時、
はじめて死に直面するをうべし
不断真摯の生のほか、死に正対する道あるべからず
虚心なれ
この時をもって、常住献身への転機とせよ——

やがて終戦の日がきて、平和な生活にもどることになったとき、「いかに生きるべきか」が、新たな緊迫感をもつ命題として、私を待ち受けていた。自分を偽らず、最後の日まで力いっぱい生き続けるには、何を目標とすればよいのか。悔いなき人生は、自分を超える絶対の存在に、わが身をささげることにはじまる。どこに、その存在を見出しうるのか。

そこから、求道の生活があたえられるまでは、自然な道のりであった。

パウロは、前に引用した個所のあとに書いている。

「わたしたちは、果すべき責任を負っている者であるが、肉に従って生きる責任を肉に対して負っているのではない。なぜなら、もし、肉に従って生きるなら、あなた方は死ぬ外はないからである。しかし、霊によってからだの働きを殺すなら、あなたがたは生きるであろう」（ローマ人への手紙・八章一二―一三）

神からの霊によって、この世のものである肉の働きを殺すなら、お前は生きるであろう、というパウロのこの言葉は、われわれを勇気づける。

死に勝ちて

ここで「生きる」といわれているのは、死に打ち勝つことであり、たとえ死が眼の前に迫ったとしても、もはや実りなき生涯の空しさを嘆くことなく、平安のうちに自分の死を直視できるという保証が、あたえられたということであろうか。

いな、キリスト者にとっても、生きることは、そのように簡明ではない。むしろキリスト者であればこそ、霊によって生きるには、限りない厳しさが求められる。パウロは、はじめに引用した「だれが、この死のからだから、わたしを救ってくれるだろうか」の句のすぐあとで、「わたしたちの主イエス・キリストによって。神は感謝すべきかな」といい、さらに「このようにして、わたし自身は、心では神の律法に仕えているが、肉では罪の律法に仕えているのである」（ローマ人への手紙・七章二五）と、痛烈な言葉をもって結んでいる。

人間は、人間であるかぎり、しょせん肉の重荷からまぬがれることはできない。「私」からはじまる線は、どんな方法によっても、救いや自由にはつながらない、「イエス」からはじまる線の上でだけ、自分自身から解放され、霊によって生きることができるのであると、バルトは「ローマ書略解」のなかで説いている。

希望のかけ橋

私のような未信者ではなく、少数ながら、キリスト者として戦陣におもむいた学徒兵もいた。そのなかの一人、大井栄光は、数学を専攻し、大学卒業後陸軍に入り、二十六歳で華北戦線に散華した。次に一部を引用する母あての手紙は、生死の関頭に立った苦悩を率直に表白しながら、若者らしい純粋な信仰を証ししており、「きけわだつみのこえ」に収録された数多い書簡のなかの圧巻である。

――桜の花の美しき風情、春日ののどかな気分に落ち着きまして、自分の心をふりかえりますと、いろいろと新しい感情が湧くのでした。今までは人生だとか、悩みだとか楽しみだとか、その他のむずかしいことをお互いにわかったような気になって、話しあったり独り合点したりしていましたが、結局はほとんど全部は、過ぎゆくものにすぎませんでした。そしてただキリストによる救いということが、動かぬ世界への唯一の希望のかけはしとして、残されているような気がします。その信仰も決して非常に強固であるとはあえて申せませんが、他のもの、世の中のすべてに比べれば、はるかに切実なもののように思えるというわけです。

戦う兵士として戦場に召されたキリスト者が、(二千年の歴史のあいだに、無数といってよいほど多くの信者が、同じ立場に立たされた)最後の日まで、主を求めて生き抜こうとする勇気が、その思いがけぬ明るさが、読むものの胸を打つ。肉の重荷を負った人間は、美しい抽象的な「平和」そのものを、生きることはできない。それぞれにあたえられた役割を果たしながら、「平和」を求めて自分を鞭打つことだけが、許されているのである。

――私にとっていわゆる最後の勝利が、生還によってはじめて成就されるものか、あるいは戦死してのみ与えられるものかは、今のところ全然わかりません。が、それだけに、いとも朗らかに出発していけますから、どうか留守の皆も楽しい日々を送って、私の必生(必死)の修養を見守っていただきたい。死すればそれはまた主の御旨《み》ですから、めめしく涙など流さぬこと。生還したとしても、それで最後の勝利が与えられたわけではないのですから、軽々に笑わぬことを願います。――

世界史の中で

もう一人の青年、池田浩平は、旧制高校在学中に学徒出陣で陸軍に入り、二十一歳の若さで戦病死した。信仰篤い家庭の出である。祖国と同胞を包容する情熱と、世界史を展望した見識とを格調高く兼ね備えた手記「運命と摂理」を次の文章で結んでいる。

――ああ、矛盾は大きく悩みは深い。(略)うれいを、世界史における祖国の使命の上にはせ、新しい秩序は何よって生れるかを考えている。――

――西田幾多郎博士が言うように、「何をなすべきか」が問題ではなく、「自己が何であるか」が問題であるような、真に宗教的な問題のみが肉迫してくる。(略)私はこの時、「自己が何であるか」を問うごとに、かのルッターの命題、「死にいたるまで福音的、死にいたるまで祖国的」が、反射的に脳裏に刻印される。私はいったい、何であるのか。また何であればよいのか。答えは、キリスト者であり、同時に日本人である、という一事をおいてほかにない。他のすべては、「エホバ(神)与え、エホバ取りたもうなり。エホバの御名《み》は讃《ほ》むべきかな(ヨブ記・一章二一)」である。――

新約3

新しき生――祈りつつ

人格的破滅より新生へ
——使徒ペテロの場合

秋田稔

そこでイエスは彼らに尋ねられた、「それでは、あなたがたはわたしをだれと言うか」。ペテロが答えて言った、「あなたこそキリストです」。（マルコによる福音書・八章二九）

この有名なペテロの告白は、マルコ福音書を前後に分ける重大なことばである。この告白をきっかけとしてイエスははじめて自らの受難を口にされると共に、十字架への道を歩み出すのである。一方弟子たちは、生ける神の子の死という想像を絶することの前につまずき、遂には一人のこらず師を離れる。まさに背《そむ》きという人格的破滅への道を彼らは歩む。イエスと弟子たちとのこの際立《きわだ》った対照が最高潮に達したところに、ただ一人死ぬイエスの十字架がある。これ以上ない悲劇的結末であるが、この結末の後で、思いもよらない真の結着がある。イエスの復活、そして一度背いた弟子たちが、今度こそ「自分の十字架を負」ってイエスに従う道を歩みはじめるという、弟子たちの側の復活、新生、これである。起り得ないことが起ったのである。こういう劇的な展開そのものが、実は明確に福音書の目指すもの、イエスがキリストであることの真義を余すところなく示していると言えよう。この脈絡の中で、一人の人間ペテロを見詰めてみよう。

イエスに従う

ペテロ、彼はシモンともよばれる。ガリラヤの漁夫で、兄弟アンデレと共にイエスの「わたしについてきなさい」（マルコによる福音書・一章一七）の声に応じ、即座にすべてを捨ててイエスの最初の弟子になったという。以後誠実一途にイエスに従い、共に歩むのである。

イエスは、ユダヤ人の世界で虐げられ疎外された人びとと共に生き、彼らも、いや彼らこそ神の招きに与《あず》かるのであり、生きる意味と責任を等しく与えられているのだという「神の国」の福音を体当りで説いた。一方、貧しい者弱い者を押しのけているこの世の、それが宗教的であれ政治的であれ、権威に対しては、一歩も後へひかず、神以外の何者も恐れずに振舞う毅然たる態度と自由さを、彼は持っていた。彼の名があがると共に、人々はむしろ彼に救国のメシヤ（救い主）を期待する。他方この世の権威の内包する問題性を根こそぎあらわにし、これを覆《くつが》えす何かを内に秘めた彼の言動は、この世の権威との衝突を避けがたいものにした。こういった中で、ペテロはイエスの側近くに常にいたのである。

キリストの現実

冒頭にあげた個所にもどろう。ここにいたるまでのマルコの記事で気付く一つのこと、それは、キリストという語が一度も出てこないことである。それだけに、八章にいたってペテロがはっきりとキリストと言ったということは、その意義重大だと言えよう。いわば、ペテロの告白は、一章よりここまでのイエスをめぐるすべての結論であり、しかも、イエスはキリスト、救い主であるという、福音書が明らかにしようとしていることの頂点ともいうべきこのことをめぐって、記事はここから急展開し、人の思いを全く越えたキリストの現実が劇的にあらわとなるのである。

イエスをしてエルサレム行を決意させ、最後の戦いへと歩ましめたことと、ペテロの告白とは深く関わる。マルコでは、はっきりと、「それから（マタイでは「この時から」）、人の子は必ず多くの苦しみを受け、長老、祭司長、律法学者たちに捨てられ、また殺され、そして三日の後によみがえるべきことを、彼らに教えはじめ、しかもあからさまに、この事を話された」と記している（同・八章三一—三二前半）。はじめて受難のことを口にされたのである。ペテロの告白が、彼のイエスとの出会い以来の全経験の凝縮であり、彼の人間としての真実をかけてのイエスへの絶対信頼の表白であったことは、疑う余地がない。この信頼が、イエスを動かす。引き続く記事によると、キリスト（救主）ということの理解をめぐって、イエスとペテロとの間に決定的なずれがあったことがわかるが、イエスは人の裏《うら》をみるなどというのではなく、ペテロの誠実さ、その信頼を、そのことばのまんま受けとめる。イエスの感受性はそのようなものであった。これからの最後の戦いに臨む彼の態度も、端的に神への絶対信頼だけだったのである。

受難と挫折

一方、しかし、イエスの受難の予告は、ペテロたちを動顛《てん》させた。生ける神の子キリスト（マタイによる福音書・一六章一六）は、生き、そして生きるのであって、死ぬ、あるいは死に、そして生きるなどということは、思いもよらないことであったろう。これはイエスに従ったすべての人に共通であり、もっと広くユダヤ人全体にとってメシヤ（キリスト）の死などということは、まさに論外であった。イエスのことばを聞いて、「ペテロはイエスをわきへ引き寄せて、いさめはじめた」（同・八章三二後半）。ここでみる限り、ペテロのイエスへの信頼は、彼のキリスト観に応じたイエスへの信頼だったということになる。わたしが、イエスをキリストと信ずる、この関係の中で、絶対信頼（信仰）は、わたしではなくイエスに徹底して重点がなければ、信ずるとは言えない。しかしまた、わたしが信ずるのでなければ無意味である。この微妙な点をめぐって、思いを越えたことを、期待に反したこととしてうけとめる、そのことにおいて重点は期待しているわたしに移る。ペテロの思い、人の思いが優先する。イエスの反応は、「サタンよ、引きさがれ。あなたは神のことを思わないで、人のことを思っている」（同・八章三三後半）、であった。ずばり問題の本質を衝いている。ペテロの主観では、期待通りに神の子としていつまでも共にいていただきたいと、イエスへの信頼の思いと自らの願いをこめて言ったのであろう。イエスの受難が神のみ心であるならば、これは人の思いを優先させるサタンの声である。

　筆者は、何故か、受難をめぐりイエス自身「あれかこれか」の内なる戦いの前に立たされたことを、ここで感ずる。「サタンよ、引きさがれ」という激しいことばを発したこの瞬間、イエスは揺れの中で神への絶対信頼を貫くことができた。しかし、ペテロはイエスの内なる戦いをはかりかねた。無理もないことである。

　このことの後で、イエスはわが弟子たる者の道を語る（同・八章三四以下）。多分ペテロのイエスへのことばを真っ逆《さか》さまにした形で、永遠に生きるどころか「自分を捨て」よと言う。次に「自分の十字架を負」え、である。そうすることが「わたしに従」うことだ。これは、イエスが神から聞いたことばではないか。その同じことばを、彼は弟子たちに語っているのだ。

エルサレム入り後のイエスとペテロたちをめぐる種々の出来事について、ここで触れる紙面の余裕がない。最後の晩餐、ゲッセマネの園でのこと、そしてイエスの捕縛という緊迫した展開の中で、弟子たちはつまずき、「皆イエスを見捨てて逃げた」（マルコによる福音書・一四章五〇）ことは、人間のすべてが例外なく激しく揺れ、そしてつまずく問題であった。神に徹底的に従うか、背くかをめぐり、イエスと弟子たちとの著《いちじる》しい対照をそこにみる。共に揺れに揺れつつ、イエスは神への従順を貫き、弟子たちは背いた。「たとい、みんなの者がつまずいても、わたしはつまずきません」（同・一四章二九）と必死で叫んだペテロ、その彼が、時を経ずして、三度、そんな男は知らないとイエスを否認する。あの告白をした同じ口で。彼はイエスの言われた（「お前は三度わたしを知らないというだろう」という）ことばを思い出して、わっと泣き出したという（同・一四章七二後半）。このとき、人間ペテロのすべてはくずれた。

死そして復活

弟子たちに背かれ、ただ一人十字架につき、「わが神、わが神、どうしてわたしをお見捨てになったのですか」と絶叫して死なれたイエス。まさに悲劇的結末である。だが思わざることが起った。イエスは確かに死に、この世の勢力との戦いに負けた。だが彼が負け、死んだというそのことにおいて、思わざることが起った。実は負けたのは彼に背いた者たちであり、砕かれたのは、背いた側《がわ》のかたくなな罪の心だったのである。そのことにおいて、イエスは勝ったのである。この決定的な転換を示すのが、イエスの死から復活へ、である。

イエスは十字架上で確かに死んだ。イエスへの背きにおいてすでに人格的断絶の底に転落したペテロたちにとり、イエスの死は、まさに決定的な断絶の追い打ちであった。この何よりも確実な断絶、破滅の事実の後で、一つの全く新しいことが起ったというのである。新しい、今度こそ本当に生き生きとした人格関係が、一度死んだイエスとペテロたちとの間ではじまる。イエスの死にざまを聞き、そこに何か途轍《とてつ》もないことがあると感ぜずにはおられなかった弟子たちであろう。イエスを捨てたペテロたちの心は、死後かえって異常な緊張状態へとかりたてられ、イエスのあのことこのことが、彼らの内に再び積み上げられはじめたことであろう。日ならずしてイエスの顕現に接したときは、ペテロたちのこの緊張が、その頂点に達し、爆発したときでもあったろう。

復活、これは人間の生の立場からは説明の仕様もない、文字通り逆説的な出来事である。すべての生は死で終る。これはその逆である。決定的断絶の後で、むしろ前よりも段違いに生き生きとした人格関係、生命関係がイエスとペテロたちの間に成立したというのである。一度真実を捨て、師を裏切ったペテロたち、四散した彼らが、今度こそ立ち上って、イエスに従う道を確実に歩きはじめる。これはまぎれもない事実である。そこからキリスト教会ははじまる。

ペテロ

堀江 優（1933〜）〈水彩・1979年〉
東京国立近代美術館蔵

この作品は、捕縛されたイエスを三度も知らないと否定したペテロの挫折を、堀江優が自身の信仰告白と重ねて描いたと言えるのではないだろうか。彼は制作の主題を、一貫して「人間の美しさより、人間の弱さ」としてきた。それは何よりも、弱さの中に神の力があらわされるという、信仰の故である（コリント人への第二の手紙 12章9節）。

大祭司の屋敷の中庭にいた女たちは、ペテロを見て「確かにあなたも彼らの仲間だ。言葉づかいであなたのことがわかる」などと口々に問いつめる。ペテロを囲む声が渦巻のようになって迫ってくる。彼が両手で耳を塞ぎながら、「そんな人は知らない」と誓う様が、水彩絵具を塗り重ね洗い出す手法で、深い色合いとめくれた和紙の絵肌をもって描き出されている。

ルカによる福音書では、そんなペテロに対して、あらかじめイエスは、あなたはわたしを知らないと言うだろうが、「しかし、わたしはあなたのために、信仰がなくならないように祈った。だからあなたは立ち直ったら、兄弟たちを力づけてやりなさい」と語っておられる。

人格的な背きは人の骨の髄までむしばむ。この完全に一度断ち切られた人格関係の復活が、イエスが復活されたという弟子たちの体験と密着したことだったのである。

逆転

人間として、もはや立ち上ることのできないペテロたちが、立ち上ることができた。この秘密は何か。もし一言で言うことができるとすれば、それはペテロたちの立場が逆転したからである。かつてのペテロのイエスへの信頼、それは既にみたように決して疑うことはできない。しかしそれは、ペテロが（主語がペテロである）イエスをどうみるか、キリストとみるということであった。それが脆《もろ》くもくずれた。まさに彼の生の基盤はくずれた。が、ときはきた。今度は、思いもかけずあの死んだイエスが（主語がイエスである）キリストであることを、イエスの側から彼らにあらわした。ペテロは、人間としてのどん底から砕けた心でただこれをうけとめる、そういう立場に立たされた。そしてうけとめた、それだけである。取り返しのつかなくなった破滅の関係の、神の側からの回復、それが復活のイエスに接したということであった。そのときは、自らの罪と惨めさを骨身にしみて知らされたときでもあった。しかしそれを突き破って、悔い改めることができるようにされたときでもあった。ここでペテロはすべてを知った。イエスの生と死のすべてを全く新しくうけとめ、自分の生の中心の軸をしっかりとキリストたるイエスに結びつけた。人格のみがなし得る人格への決定的介入、人格による損われた人格への圧倒的な、そして確実なはたらきかけ、そこでペテロは変ったのである。

生と死、その深底にある人格的断絶、破滅と人格的再生、人格的関係の真の回復の問題、これは私どもの最後の、そして最も解決困難な問題である。この問題の只中から、ペテロたちのつまずきと新生をみるとき、そこに決して他人事とは言えないものを私どもはみるのではないか。そして、福音書のイエスの語りかけは、ほかならぬ私どもへのことばではないか。まさにそうだと、私は思う。

遅れて死ぬ者たち

――母マリヤとマグダラのマリヤ

安西　均

岡山にお住いの永瀬清子さんは、現代女流詩人のなかの第一人者と申してよいが、詩集ではないけれど短章集『流れる髪』というのに、つぎのような言葉を書きつけている。

悲しめる友よ

悲しめる友よ
女性は男性よりさきに死んではいけない。
男性より一日でもあとへ残って、挫折する彼を見送り、又それを被わなければならない。

男性がひとりあとへ残ったならば誰が十字架からおろし埋葬するであろうか。聖書にあるとおり女性はその時必要であり、それが女性の大きな仕事だから、あとへ残って悲しむ女性は、女性の本当の仕事をしているのだ。

だから女性は男より弱い者であるとか、理性的でないとか、世間を知らないとか、さまざまに考えられているが、女性自身はそれにつりこまれる事はない。

これらの事はどこの田舎の老婆も知っている事であり、女子大学で教えないだけなのだ。

永瀬さんの「短章集」はバスの中や仕事の合間に、ふと思いついたことを書きとめたもので、詩作のときの創作意識の作用がないだけに、かえって率直な素顔がのぞいているのが貴重である。

右の短章は、おそらく夫君に先立たれて悲歎にくれている友人を思い出し、力づけの手紙でも書くようにして、胸のなかで呟いたことを書きとめたものであろう。個人的な友人へのいたわりの感情が、女性一般、ひいては人類大のスケールにまでひろがっていく。しかも観念的な誇張でなく、実感のこもった言葉として肯《うなず》くことができる。それは悲哀を超えてさらに大きな悲哀を知る、詩人の魂に裏打ちされているからであろう。最も深い意味での〝母性愛〟も、こういうことではないかと思われる。また、永瀬さんは必ずしもクリスチャンではないようだが、聖書に描かれたイエスの死と埋葬の場面に、女性のあるべき姿を象徴的に見ている。これも見事な聖書理解といってよいだろう。

十字架上のイエス

通称〝ナザレ（地名）のイエス〟が、ユダヤの首都エルサレムの郊外、ゴルゴタの丘で磔刑《たくけい》に処せられたのは、紀元三〇年としてよいだろう。年齢は、三十代の半ばになるやならずであった。

聖書の記述によると、イエスが十字架につけられたのは正午、絶命したのは午後三時だったという。その三時間というもの、両手と両足に釘を打ち込まれたまま、ぶら下がっているわけだ。一ト思いに命を絶たない、残忍な刑罰である。

当時のユダヤ教では、反逆者は「石打ち刑」――これとても残忍さに変りないが――で殺すのが慣習であったが、はりつけの刑は支配国ローマにおける政治犯の処刑に従ったものである。イエスの頭上には「ユダヤ人の王」という揶揄《やゆ》的な標識板《プレート》が掲げられたという。

あまりにも有名な場面だが、聖書の記述を追ってみよう。

この日、ふたりの罪人（強盗と書かれている）も同時に処刑され。イエスの両側に吊されていた。

通りがかりの人々は、十字架上のイエスを見上げ、ののしって言った。――「もし神の子なら、自分を救え。そして十字架からおりてこい」。ユダヤ教関係の学者・長老たちも一様にあざけった。——「他人を救ったが、自分自身を救うことができない。神のおぼしめしがあれば、今、救ってもらうがよい。自分は神の子だと言っていたから」。

真昼というのに、太陽の光は消えた。三時ごろ、イエスは大声で叫んだ。——「エリ、エリ、レマ、サバクタニ」。

最後は「わが神、わが神、どうしてわたしをお見捨てになるのですか」という意味だが、これは詩篇第二二篇のトップにある詩句で、このあと「なにゆえ遠く離れてわたしを助けず、わたしの嘆きの言葉を聞かれないのですか」と続く。イエスは詩句を途中まで叫んで絶命したのだった。

その瞬間、地震がおこり、岩が裂け、エルサレムにある神殿（ユダヤ教の総本山）の幕が、上から下まで真っ二つに裂けた。

処刑の一部始終を遠巻きに眺めている一団があった。ガリラヤ（イエスが教えをひろめた主要地方）からやってきた人達だ。そこには、イエスの生みの母マリヤもいたし、また〝マグダラ（地名）のマリヤ〟とよばれる婦人も混じっていた。

聖書を読むとき、ここで注意して頂きたいのは、イエス処刑には弟子の殆どが立ち会っていないことだ。イエスがあれほどいつくしみ、またイエスに向かって忠実を誓っていた弟子達であったが、たぶん〝罪人〟にされたイエスの仲間と見られるのを恐れたのだろう、どこかに姿を消してしまっている。ただ一人、ヨハネという弟子が見守っているにすぎない。

だから、三時間に及ぶ十字架上のイエスの苦痛を、ひたすら見つめながら自分らの苦痛として耐えていたのは、婦人達だけであった。イエスの母マリヤや〝マグダラのマリヤ〟だった。

イエスの死という、比類なく〝ダイナミックなドラマ〟については、直接、聖書を読返していただいた方がよい。それはマタイ二七章三八―五六、マルコ一五章二七―四七、ルカ二三章三二―四九、ヨハネ一九章一八―三〇に、いくらかの異同はあるが詳しく描かれている。

女性の仕事

さて、詩人の永瀬さんが「女性はその時必要であり、それが女性の大きな仕事だから」と言う〝イエスの埋葬と復活〟が、つづいて物語られるのである。

つまり、愛するイエス、尊敬するイエスの死を確《しか》と見とどけるのも女性なら、死から甦《よみがえ》ったイエスが最初に姿を見せるのも女性に対してであった。

言い換えると、人間としてのイエスの死、神としてのイエスの復活――そのどちらにも立会う役目を帯び、そのどちらにも証言者となって登場するのが、なんと女性にほかならなかった！

この意味は、なまじっかなことでない深遠さがあり、女性の本源を言い尽しているのではあるまいか。
生物として（ほかの動物と同様に）女性の胎から生まれた人間は、確実に死んでいく。しかしながら、動物とは異って〝精神〟とか〝魂《たましい》〟を所有する人間は、女性を介してふたたび甦る。そういう解釈も、ゆるされるかもしれない。〝産む〟能力の女を介してこそ復活は可能だ、と。
では、イエスの埋葬と復活を聖書で見ておくことにしよう。

「イエスと一しょにガリラヤからきた女たちは……その墓を見、またイエスのからだが納められる様子を見とどけた。そして帰って、香料と香油とを用意した」（ルカ二三章五五―五六）

――死はかなしい。だが、いつどこででも、死者をうつくしく香《かぐわ》しく粧《よそお》ってやるのも女性の役目である。

「週の初めの日、夜明け前に、女たちは用意しておいた香料を携《たずさ》えて、墓に行った。ところが、石が墓からころがしてあるので、中にはいってみると、主《しゅ》イエスのからだが見当たらなかった。そのため途方《とほう》にくれていると、見よ、輝いた衣《ころも》を着たふたりの者が、彼らに現われた。女たちは驚き恐れて、顔を地に伏せていると、このふたりの者が言った……」（同二四章一―五）

――スリリングな場面であるが、輝いた衣を着たふたりの者というのは、天使である。マタイは「御使《みつかい》」と書いている。

聖書のこの部分に突き当ると、正直なところ、途端に肩すかしを食わされたような思いをする人が多いかも知れない。死人が甦るとか復活するとか、そんな非現実的なことが信じられるもんか！ と。わたくしもかつて書いたことであるが、聖書にしたがってイエスの生涯を辿《たど》ろうとすると、たいていの人が躓《つまず》くであろう大きな石が三つある。

一つは、イエスの母マリヤが未婚の処女でありながら懐妊したということ。一つは、イエスが行《おこな》ったという数々の奇蹟。そしてもう一つは、ここに書いているように、十字架上で死んだイエスが三日目に復活したということ。——三つとも非現実・超現実のできごとだから、常識では躓いてしまう箇所なのだ。

合理性という名目のもとに〝事実〟を求めようとする人には、とうてい承認しがたいフィクションと思われるであろう。しかし、信仰という精神の次元では、非現実・超現実を容認することを忘れてはならない。イエスの生涯を語る三つの躓きの石にしても、言い古されたことばではあるが、合理的な〝事実〟と信仰的な〝真実〟とは必ずしも同じではない。

「信仰」ということばそのものを毛嫌いする人は、たとえば「文学」ということばに置き換えて考えてもよいが、合理的な〝事実〟だけを記述しても、必ずしもすぐれた文学にはならない。フィクションを通じて〝真実〟を表現する、そこに文学の使命があるわけだ。

さて、空っぽの墓場にいる天使から、イエスは甦り、先にガリラヤに帰るはずだと聞かされ、「女たちは恐れながらも大喜びで、急いで墓を立ち去り、弟子たちに知らせるために走って行った。すると、イエスは彼らに出会って、『平安あれ』と言われたので、彼らは近寄り、イエスのみ足をいだいて拝した」（マタイ二八章八―九）――ここの部分は「週の初めの日の朝早く、イエスはよみがえって、まずマグダラのマリヤに御自身をあらわされた」（マルコ一六章九）とも書かれ、またこのマリヤが甦ったばかりのイエスと短い会話をするところもある。（ヨハネ二〇章一一―一八）

〝マグダラのマリヤ〟という女性についてはいろいろ書きたいこともあるが、とにかく復活したイエスに最初に会うという〝栄光〟を与えられた女性である。

名もなき民衆の中に

——隠されたマリア

荒井　献

最近、福音書を一つの「ドラマ」としてとらえ直そうとする試みが、聖書学者たちの間からも出ている。この種の試みが、今後聖書学の中に地歩を得るに至るか否かは別として、私どもが福音書に接する場合、福音書を狭義の歴史記述とみなし、イエスと彼をめぐる人々に関する知識を得る手段として読むよりも、むしろ福音書を広義の歴史文学、あるいは一つのドラマとして読み、できるならば、そこに登場する人物に私ども一人びとりを同一化していった方が、「福音書」という文学形式にふさわしい読み方である、とはいえるであろう。

マルコ福音書の中で

ところで、四福音書の中で最も著作年代が古いマルコ福音書において、イエスの母マリアは、どのように位置づけられているであろうか。マルコ福音書におけるマリアの役割は、この福音書をも一つの素材として著《あら》わされたマタイ福音書、とりわけルカ福音書におけるマリアと比較してみると、著しく異なっている。

まず、周知のように、マタイとルカ福音書では、処女マリアがイエス・キリストの生母として最大限に評価されているのに、マルコ福音書には、イエスの生誕物語そのものが書かれていない。そしてこれとは逆に、イエスの気が狂ったという噂を真《ま》に受けて彼を取り押えに行くイエスの母と兄弟に関するマルコの報告（マルコによる福音書・三章二〇―二一、三一をも参照）は、マタイとルカ福音書では削除されている。同様に、マルコ福音書の「預言者は、自分の郷里、また親族や家以外では、どこでも敬われないことはない」という有名なイエスの言葉（同・六章四）のうち、「また親族」という句は、この言葉に並行するマタイ福音書一三章五七節、ルカ福音書四章二四節では落とされている。

さらにマルコ福音書は、イエスの復活を天使から告知されたイエスの母マリアを含む「女たち」が、「おののき恐れながら、墓から逃げ去った。そして人には何も言わなかった。恐ろしかったからである」という文章（同・一六章八）で唐突に終っているが、マタイとルカは、この文章をもそれぞれの仕方で修正し、いずれにしても女たちが天使のみ告げをイエスの弟子たちあるいは使徒たちに報せたことにしている。（マタイによる福音書・二八章八以下、ルカによる福音書・二四章九以下）

要するに、以上で見た限り、マルコ福音書においてイエスの母マリアは、マタイやルカ福音書における とは対照的に、極めて消極的にしか位置づけられていない。これをマタイやルカに即して見るならば、彼らの所属した教会の中でようやく起こってきたマリア崇拝を、それぞれの福音書の中に投影し、マルコ福音書のマリア像に、あるいは加筆し、あるいはその一部を削除・修正して、マリアの位置を高め、彼女を聖化したということになろう。

それでは、マルコの場合はどうであろうか。

彼はマリア崇拝をまだ知らなかったのか。その意味で、マルコの描くマリア像の方がマタイやルカのマリアよりも史実に近いのであろうか。あるいはそうかもしれない。しかし、それだけではないように思われる。マルコはむしろ、イエスの死後成立しつつあった教会において、イエスの母マリアや弟ヤコブが、教会の指導者あるいは指導理念そのものと仰がれていく傾向（ヤコブについてはガラテヤ人への手紙・一―二章、使徒行伝・一五章参照）に逆《さか》らって、福音書の中で彼らを批判的に扱った可能性がある。

私の母・兄弟とは

とはいえ、マルコ福音書におけるイエスが、その母や兄弟に批判的であるということと、彼らを非難し、彼らの存在の意味を否定し去るということとは別である。このことを念頭に置いて、先に言及した、イエスの気が狂ったと思って彼を取り押えに来た「身内の者」の記事の続きを読んでみよう。

——イエスの母と兄弟とが来て、外に立ち、人をやって呼ばせた。ところがイエスは、自分の周りに座っている民衆を見まわして言った、「ごらんなさい。ここに私の母、私の兄弟がいる。神のみ心を行う者はだれでも私の兄弟、また姉妹、また母なのである」（マルコによる福音書・三章三一—三五）

ここで私どもは、二つのことに注目したい。第一に、イエスはこの言葉で血縁に基づく上下の関係を「神のみ心を行う」という事柄によって断ち切っている。その上で彼は、その母と兄弟に対し、「神のみ心を行う者」の中に召し出し、そのような振舞を共有することによって、血縁関係を超えた真の人間関係に基づく信仰共同体に入ることを求めている。

第二に、イエスがこの言葉を、彼の周りにいた民衆を見まわして語っていることを見逃してはならないであろう。マルコ福音書のイエスによれば、「神のみ心を行う者」とは、イエスに従う民衆、あるいは民衆の位置に立ってその一人となる者のことなのである。そしてその言葉は、実際に民衆と共に振舞ったイエスによって語られたものであるだけに、私どもには重く響く。

価値の逆転

実際マルコは、イエスが狂人扱いされたという記事（同・三章二〇―二一）と、それゆえに彼をひきとりに来たという報せを受けたイエスが民衆に向かって語った言葉（同・三一―三五）との間に、いわゆる「ベルゼブル論争」を配置している。すなわちユダヤからガリラヤに来た律法学者たちが、悪霊に憑《つ》かれた人々（精神障害者）から悪霊を追い出している（治療行為をしている）イエスのことを、彼は「ベルゼブル」すなわち「悪霊の頭《かしら》」にとり憑かれており、「悪霊どもの頭によって悪霊どもを追い出しているのだ」と非難する。これに対してイエスは、二つの譬話をもって論駁《ばく》し、そのあとに、「まことに汝らに告ぐ。人の子らには一切が赦《ゆる》されている。その犯す罪も神を汚す言葉も」と宣言する（同・二二―三〇）。

福音書の中に収録されているイエスの言葉の中で、これほど徹底的《ラディカル》な言明を私は知らない。当時のガリラヤにおいて、病人や障害者、とりわけ、精神障害者は、ユダヤの政治的宗教的指導者たち、とくに律法学者たちにより「罪人」として差別され、彼らに接近することは、法によって厳しく禁じられていた。イエスは敢えて法を侵して彼らに立ち混じり、彼らの病いをいやそうとする。イエスによれば、律法学者たちが彼ら（「人の子ら」）に押しつけている「罪」も、彼らのいわゆる「神の汚す言葉」も、「一切が赦されている」からである。イエスは、こうして当時の常識的価値の基準を逆転した。だからなお、血縁関係に基づく常識的基準に立つイエスの母と兄弟は、彼を気が狂ったと思うのである。先に見たように、イエスは母や兄弟に対して、「神のみ心を行う者」、すなわち常識的価値の基準を捨てて、虐げられている民衆の位置に立つ者となることを、あるいはむしろイエスと共に「人の子ら」の一人になり切ることを、批判をこめて勧めている。

み心を行う者

ところでマルコは、福音書の中でただ一箇所、しかもイエスの死の場面で、常識的価値基準を捨てたかに見えるマリアの姿を、暗示的に描いている。——イエスが十字架上で息をひきとったとき、イエスに向かって立っていたローマの百人隊長が、「まことに、この人は神の子であった」と告白する。そこには、

——遠くの方から見ている女たちもいた。その中には、マグダラのマリア、小ヤコブとヨセとの母マ

リア、またサロメもいた。彼女たちはイエスがガリラヤにいたとき、そのあとに従って仕えた女たちであった。そのほかに、イエスと共にエルサレムにのぼって来た多くの女たちもいた。（同・一五章四〇―四一）

マルコは一四章以下の受難物語において、イエスの逮捕と共に弟子たちは皆イエスを見捨てて逃げ去ったことを強調している。とすればマルコが、十字架の下に立つ女たちの姿を、弟子たちの振舞と対照して、肯定的に描いていることは明らかである。弟子たち、とりわけペテロは、声高にイエスに対して「キリスト」（救世主）と告白し（八章二九）、「たとい皆がつまずいても、私はつまずきません」と誓いながら（一四章二九）、究極的にはイエスを裏切った（一四章六六―七二）。それに対して女たちは、ただ黙々とイエスに仕え、十字架の死に至るまで彼に従った。

マルコはこの女たちの中に「イエスの母」マリアがいたとは書いていない。たださりげなく、「小ヤコブとヨセとの母マリア」と記しているだけである。この人物は、六章三節（「この人（イエス）は……マリアの息子でヤコブとヨセ……との兄弟ではないか」）から見て、イエスの母であろうと推測できるだけである。その上重要なことは、マルコはこのマリアを、マグダラのマリア、サロメと共に、イエスのあとに従って仕えた名もない「女たち」の中に、すなわち民衆の中に、イエスの母なることを隠して入れていることである。ここに至ってはじめてマルコは、マリアもまたあの

「神のみ心を行う者」の一人として民衆の中に立っていることを暗示するのである。

ただし、イエスの母マリアが真の意味で「神のみ心を行う者」の一人になったことは、マルコ福音書の最後に至るまで隠されている。すでに見た通り、彼女は他の二人の女と共に墓場でイエスの復活を天使によって告知されながらも、それを恐ろしさのあまり「人には何も言わなかった」(一六章八)。なぜマルコは、ここで唐突に福音書を終えているのであろうか。

ガリラヤでの出会い

この最後の句の前に次のような天使のみ告げが置かれている。「弟子たちとペテロとにこう伝えなさい。イエスはあなたがたより先にガリラヤに行く。かねてあなたがたに言われた通り、そこで会うことができるであろう」。このみ告げから、私はマルコの意図を以下のように推定したい。マリアもまた、弟子たちと共に、ガリラヤで復活のイエスに出会い、彼のあとに従って民衆の中に立つことなしに、イエスの復活の事実を他に伝えることは無意味である、と。生前のイエスが民衆と共に立った場は、ほかならぬガリラヤであった。マルコによれば、復活のイエスは、「時」を超えて再びあのガリラヤに行く。

――マルコは福音書というドラマを描くことにより、私ども一人びとりに、現代のガリラヤに赴き、そこでイエスに出会い、彼に従い、名もなき民衆の中に立つことを求めている。

新しい天と新しい地とを見た

——ヨハネ黙示録の展望

佐竹　明

わたしはまた、新しい天と新しい地とを見た。先の天と地とは消え去り、海もなくなってしまった。また、聖なる都、新しいエルサレムが、夫のために着飾った花嫁のように用意をととのえて、神のもとを出て、天から下って来るのを見た。また、御座から大きな声が叫ぶのを聞いた、「見よ、神の幕屋が人と共にあり、神が人と共に住み、人は神の民となり、神自ら人と共にいまして、人の目から涙を全くぬぐいとって下さる。もはや、死もなく、悲しみも、叫びも、痛みもない。先のものが、すでに過ぎ去ったからである」。（ヨハネの黙示録・二一章一―四）

ヨハネの黙示録の著者は、その著作のいわばクライマックスのところで、「わたしは新しい天と新しい地とを見た」といっています。これは、われわれに一種奇妙な感じを与える発言です。もちろん、天地全体が全くかわってしまうという規模の大きさも、われわれの常識を超えています。しかし、それ以上に注目したいのは、彼が全く新しいものの出現を歴史の将来に期待している点です。

われわれにとって、歴史はむしろいろいろな事件の繰り返しではないでしょうか。希望に溢れて始まった新しい事態がやがて、魅力の乏しい古さへとかわっていく、そのことをわれわれは何度も経験してきています。たとえば、明治は維新とよばれたころは希望にみちた新しい時代でした。しかし、今ではそれはしばしば古さの代名詞になっています。そのような経験を幾度となく繰り返して、われわれは、人が少々、事態が新しくなった、新しくなると騒いでも、簡単にそれを真《ま》に受けないことこそが健全な常識というものだ、と心得るようになっています。

われわれのそのような常識からするならば、「新しい天と新しい地とを見た」というこの黙示録の著者の発言も、ある距離をおいて扱う方がいい言葉の部類に属する、ということになるのでしょうか。

希望の書として

ヨハネの黙示録という書物は、歴史の中でさまざまの役割を演じてきました。その中に書かれているいろいろな異常現象を歴史の中の現実に引き当てて、終末はもうここまで近づいた、もうすぐ新しい世界がやってくると説く人が、昔から後を絶ちません。最近では核戦争の危機がそれと重ね合わせにされることもあります。われわれはこのような見方からは、やはり距離を置く方がいいと思います。二千年近い歴史の中で、このような予言が当ったためしがないということもありますが、それ以上に、このように歴史の成り行きをただ観察しているだけの立場からは、積極的なものは何一つ出てこないと思うからです。

他方、われわれはこの黙示録という書物が、ことに下積みにされて現在の世界に希望を見出せなくなった人々に生きる喜びを与え続けてきたという点を忘れたくありません。

それは、領主の苛酷な搾取に苦しみ、かつペストの跳梁におののいていた中世末期のヨーロッパの農民たちをひきつけました。白人の支配の下で苦しむ今世紀初頭のアフリカの黒人たちの間で熱心に取り上げられました。彼らは黙示録の言葉を通して、今の自分たちの苦しい生活は、神が自分たちに用意した最終的な運命ではない、神は自分たちを見放しているのではないと信じ、新しい生きる勇気をもちました。その場合、現実の歴史は、彼らが当初黙示録にことよせて夢見たような仕方では必ずしも展開しませんでした。

しかし、冷静な社会科学的分析も緻密な社会変革のプログラムも、現実には何一つ力をもちえない状況の中で、それにもかかわらず人々に生きる希望を与え続けたということだけでも、この書物の果たした役割は小さくなかったというべきでしょう。

二つの基準

しかし、黙示録が伝えようとしているのは、単純に、今の苦しみに満ちた天地は過ぎ去り、やがて祝福に満ちた新しい天地が到来するということだけなのでしょうか。

このことと関連して注目したいのは、黙示録では、ある種の事柄を判断するに際し、二つの全くちがう基準が呈示されているという点です。黙示録はキリストを見るのに二つの基準があることを伝えます。第五章でキリストが天上界に登場するとき、天上界に属する「長老」の一人は彼を「ユダ族のしし（獅子）、ダビデ（王の名前）の若枝」と捉えました。しかし地上の人ヨハネが見ると、そのキリストは「ほふられたような小羊」に過ぎませんでした。

百獣の王と弱々しい殺されたかのような小動物との対比。輝かしい王家の担い手とみすぼらしい一匹の家畜との対比。しかも両者は別々の存在ではなく、同じ存在の別々の時点での姿でもなく、いずれも同じキリストの天上界に登場したときの姿だ、というのです。違っているのは見られる対象の方ではなく、それを見る側の視点です。つまり、地上の基準で見ればほふられたかのような小羊としか見えないものが、天上の現実では「ユダ族のしし、ダビデの若枝」であり、逆にいえば、天上の基準で「ユダ族のしし、ダビデの若枝」と映るものは、地上の現実ではほふられたかのような小羊以外ではありえない、ということなのです。

逆説――白い衣

もう一つ例をあげましょう。第七章では天上界の「長老」の一人が殉教者たちについて説明する場面があって、彼は「彼らはその衣を小羊の血で洗い、それを白くした」とのべています。これは明らかに奇妙な表現です。小羊の血で衣を洗えば、白くなるどころか、赤黒く汚れるはずです。それを「彼らは衣を白くした」というのは、発言者が天上界の「長老」だからです。つまりここでも描写は天上界の基準にしたがってなされています。キリストにしたがって苦難の道を歩むことは、地上の基準ではかれば輝かしいことでも羨望に値することでもありません。しかし、天上界の基準をもってはかれば、そのことこそが自分の衣を天上界にふさわしい白い色に洗い上げることなのだ、それこそが天上界に歩み入るにふさわしい生き方なのだ、というのです。

いうまでもなく黙示録の著者はこれらの例で、ある種の物事には二つの見方がありうるとして、ただそれを並べて示そうとしたのではありません。彼は、常日頃地上の基準でしか物事を見てこなかったわれわれ、もともとそれ以外の術を知らないわれわれに、それとは全く別の、天上界に通用する基準があると伝え、われわれがこの新しい基準にしたがって物事を判断し、それに基づいて新しい生き方へと歩み入ることを勧めているのだと思います。

新天新地を待ち望むわれわれの心情には、しばしば、われわれ自身は何一つかわらないまま、われわれを取り囲む環境がかわることを期待する気持が働いています。先にものべたように、このような環境のかわることへの期待は、一概にしりぞけられるべきものではありません。切実な思いでそのことを期待せざるをえないことがわれわれの人生の中にありますし、現にそのような状態にある人も少なくないはずです。神を信じる者には、そのようなとき、環境の変化を願い求めることが許されているし、期待されてもいます。

しかし、黙示録の新天新地の福音が伝えようとしているものが、やがて間もなくわれわれを取りまく環境がかわるということに尽きるとする見方は、私にはやはり不足と思えます。黙示録でその変化がどのように大がかりなもの、決定的なものと描かれているにしてもです。

新しい生き方へ

「新しい天と新しい地とを見た」という言葉には、地上での基準と全く反対の基準の通用する、その意味でいわば質的に新しい世界を見たとの証言が含まれています。その新しい世界が今やわれわれに間近かに迫っていて、われわれにその基準の受け入れを訴えているということが含意されています。弱い、貧しい人を軽侮の対象にして異としない感覚にかわって、強い〝富んだ者〟が弱い貧しい者に仕えることを当然とする感覚が、正義と愛のために労することを無駄なこと、損なこととする受け取り方にかわって、そのことこそが尊ぶべきこと、やり甲斐のあることとする受け取り方が、天上界における と同様、私たち自身の中でも支配的になることを、黙示録の著者は読者に期待しているのです。

今年ももうすぐ終ろうとしています。新年を前にして、われわれはそろそろ古い一年の整理に取りかかろうとしています。もちろんわれわれは、来る年が新年とよばれはしても、それが何日もたたないうちに再び古びた毎日の連続にかわってしまうことをよく知っています。それにもかかわらずわれわれは、来る年には多少は今までとちがう生き方ができはしないだろうかなどという期待もこめて、新年を迎える準備をします。それはそれでいいことです。しかし、それであればなおさらのこと、われわれは古びることのない新しい世界の到来にそなえて、古い生き方を整理し、新しい世界を迎えるにふさわしい生き方へと歩み入ろうではありませんか。

主の祈り

――人生を導くイエスの教え

齋藤　勇

祈りとは、どういうことであろう。辞書には、「いみのる」から来た言葉だとある。「いむ」は潔斎《けっさい》即ち清浄《しょうじょう》になることであり、また「のる」は宣《の》る、述べることである。即ち心身を清めて人間以上の者に願うことが祈りである。これは日本在来の考え方であるが、キリスト教においても、清純な真心をこめて神即ち絶対者に願い、または感謝することが祈りである。ただし今でも多くの人々は、必ずしも絶対者にこいねがうのではなく、御利益《ごりやく》の評判次第で、商売繁昌や良い縁組などのため、甚しきは受験合格のため、神社やお寺に行って、お賽銭を投げ入れて、成功を期待するのが普通らしい。しかしキリスト教の神は、献金関係で動く者とは考えられない。

キリスト降誕以前のユダヤにも、精進潔斎や断食の習慣があった。そして断食を見せびらかして、禁欲のおきてを守ることを誇り示す弊害もあった。それでイエス・キリストは次のように弟子たちを誡《いまし》めた。断食をする時、偽善者がするように陰気な顔つきをしてはいけない。それは断食を見せびらかすことだ。断食していることが人にわからないようにして、祈るがよい。そうすれば、すべてのことを見ておられる神は、祈りを聞いて下さるだろう（マタイによる福音書・六章一六―一八）。また大声をはりあげて、勝手なことを長々と願い求めることは、熱意の現われではなく見せびらかしか、おどしつけにもなるので、神のよみしたもう祈りではあるまい。

その頃、ユダヤ教徒には、祈る時一定の形を取る習慣があった。そして洗礼のヨハネも、祈りの一規範を教えた。同様に、イエス・キリストも、弟子がいかに祈るべきかをたずねた時、われわれが「主の祈り」と称している手本を示した。マタイが伝えた福音書の第六章九―一三節がそれである（それはルカが伝えた福音書の第一一章二―四章よりも一項目だけ多い）。そしてマタイ伝中の一部分の言葉遣いをすこし改めたものが、「主の祈り」と称せられているのである。その全文は現行「讃美歌」の第五六四番として挿入されているが、邦訳聖書と表現のちがう個所もあるので、念のため、それをここに書き伝えよう。

天にまします我らの父よ、ねがわくはみ名をあがめさせたまえ。み国を来らせたまえ。みこころの天になるごとく、地にもなさせたまえ。我らの日用の糧を今日も与えたまえ。我らに罪をおかすものを我らがゆるすごとく、我らの罪をもゆるしたまえ。我らをこころみにあわせず、悪より救い出したまえ。国とちからと栄えとは限りなく、なんじのものなればなり。アーメン

ただしこのように今日ひろく普及している「主の祈り」の終りの部分、「国と力と栄《さか》えとはとこしえに汝のものなればなり」は、紀元第二世紀に頌栄《しょうえい》（Doxology《ドクソロジ》）としてつけ加えられたものである。

「主の祈り」は極度に簡潔であるが、幾通りかの重要な問題を含んでいる。それで千二百何十年か前に、テルツリアーヌス（Tertullianus）という神学者はこれを「福音全体の適要」だと言ったそうだ。私は神学者ではないので勝手な解釈になるかも知れないが、主の祈りの要点を手短かに説明しておきたい。

まず「天にましますす我らの父よ」と神に呼びかける。キリストは自らの特権を我々にも分ち与えて、神を父よと呼ぶ特権を授けるのである。神はもちろん地上の父ではなく、天上にも地上にも遍在して、世界を支配したもう方である。慈愛の一念に満ちていればこそ、時にはきびしく我々を叱咤《しった》する父なる神である。その神を我々は日ごとに感謝し、またほめたたえなければなら

ない。「願わくは御名《みな》をあがめさせたまえ」。「地震、雷、火事、おやじ」と親を敬遠するのはまだしもだが、親の訓練を無視してしまう馬鹿息子となってはならない。

そして我々は最高の敬意をささげる絶対者が支配する「御国《みくに》を来らせたまえ」と祈らなければならない。天上においては、神の支配下にある理想の世界が成り立っているだろうが、それが地上にも実現されなければ、戦争その他もろもろの罪悪が我々を苦しめる。「み心の天に成るごとく地にも成させたまえ」と祈りつつ、我々は微力とはいえ、神の国の建設、理想の世界の実現にあずからなければならない。

この高邁な志をもって最高至難な大事業に参加するには、食糧がいる。そしてキリストは甚だ現実的なこの問題についても、「我らの日ごとの糧を今日も与えたまえ」と祈ることを教えた。注意すべきは、今年もではなく、今月でもなく、きょう一日の糧《かて》を賜わるという最小限度の願いだという点である。また偉大な使徒パウロが「働くことを欲せずば食すべからず」（テサロニケ後書・三章一〇）と断言した時には、働こうとしてもできない病人などを、例外として考えていたであろう。そして彼自身は誰にも負担をかけまいとして、日夜働き続けた。

次に、「我らに罪を犯す者を我らがゆるすごとく、我らの罪をもゆるしたまえ」とある。借りた物を返さないとか、悪口を言うとか、人間同士の間の罪は恕《ゆる》しやすいが、神に対する我々の罪は、もっと深刻である。けれどもそれをもゆるされることを、我々は願わなければならない。意志薄弱なため罪を犯した者に対する同情が我々にあれば、神に対する我々の悪事をも、もし我々が心から悔いているならば、神は我々の志を認めて、我々の罪とがをゆるし、正しい道に導いて下さるであろう。

「我らを試みに遭わせず、悪より救い出したまえ」。イエス・キリストにさえ、悪魔による試練があったけれども、イエスは見事にそれに勝った。我々の及ぶことではない。我々はその毅《き》然たる良心と深奥な叡《えい》智《ち》とに敬服せずにはおられない。我々は信仰が足らず、その上本当は愚劣なため、賄賂を受け取った人が一時は時めくかも知れないが、やがては葬り去られる。一体、悪魔はミルトンの「失楽園」におけるサタンにせよ、ゲーテの「ファウスト」におけるメフィストフェレスにせよ、普通の人間よりは計略が上手であり、我々のすきを見て、蛇のようにいやな姿ではなく、目にもとまらぬような小さい虫けらとなって、我々の胸の中にはいり込み、そして我々の良心を刺し殺すこともできる。獅子身中の虫という諺もある。恐るべきことだ。

さて厳格に言えば、「主の祈り」は前に一言したとおり、ここで終る。しかしそれに続く頌《しょうえい》栄は、実に堂々たるもので、我々に、荘厳な神の栄光を仰ぎ見ることを思わせる。そして祈る者は正しい懇願ならば、全智全能な絶対者の力によって、必ずかなえられるであろうと思うことができる。そして「国と力と栄えとは限りなく汝のものなればなり。アーメン」と叫ばずにはいられなくなる。「アーメン」とは、「誠に然り」、「その通りです」という意味である。この頌栄はイエス・キリストが口《くち》ずから弟子に教えた言葉ではないけれども、絶対者を無視しがちな我々現代人にとっては、特に重要な点である。

曽てナポレオンは、「実際壮大なことを見たいか」と問を発し、「主の祈りをくり返せ」とみずから答えたそうだ。しかし一時はヨーロッパ全土に君臨しそうであったこの英雄は、主の祈りをくり返して暗誦しただけで、心をこめて祈ったのではあるまい。或いは主の祈りの中の「み国」（前掲）を「わが領土」と混同し、また頌栄を、彼自身の征服欲の実現と結びつけて考えていたのであるまいか。そうであるならば、彼の自問自答は冒瀆《ぼうとく》の言に過ぎない。

なお一言しておきたい。今までの日本人の祈禱が自己の願望を強要する傾きがあるのとはちがい、キリスト教の祈りは、個人としてする場合には、神に対する懇願であると同時に、解決を与えられるようにとの懇望であり、したがって神との対話となることもある。ただしこれは「主の祈り」を主題とするこの拙文の範囲外のものである。

私は毎朝、まず主の祈りを古い英訳のままゆっくり諳誦し、続いて自分の祈りを、日本語でささげることを日課としており、そして時々その意味をなおはっきり心得ていたいと考えるので、ここにその大意を書きました。

聖書——永遠に新しい本

〈解説〉平出　亨

聖書の原本はどこにあるのかわかりません。たぶん地上には残っていないでしょう。ですから現在私たちがもっている聖書のともになっているのは写本です。写本についていろいろ申せばたいへんなことになりますから、このことは別の機会にゆずりましょう。つまり聖書は必要とされたからこそ、人びとが苦労してこれを写し伝えてきたのです。その内容は、旧約三十九巻、新約二十七巻ですから、ずい分たくさんあります。これが一つにまとめられ、いわゆる聖書として一冊になってからも二千年ちかくたちました。それ以来、聖書を大切にする人びとにも、あるいはこれを好まない人びとにも、読みつづけられてきました。多くの批判にさらされ、致命的と思われるような扱いをされたこともありました。けれども長い時代のきびしい批判に耐えて、少しも傷つけられず残ってきているのです。それこそ聖書は古典中の古典です。いや、いつまでも新しい本の中の本です。そう言えば〈バイブル〉とは、ただ〈本(書物)〉という意味です。

今日、多くの本はパンと同じように消費物になってしまったようです。それが悪いというのではありませんが、何度でも何度でも読みかえされつづけ、しかもその度にいつも新しい驚きを与える本があって、それが聖書なのだ、と申したいのです。なぜそうなのか、ということはもう少し先で考えましょう。

どう読むか?

私たちの中には、自分でも気づかずに聖書の言葉が少なからず使われています。たとえば十字架、洗礼、迷える羊、それにスケープ・ゴートなどという言葉まで日常の用語に入ってきています。それらはしばしば聖書が語っているのとはちがった意味で使われているのですが、とにかく私たちの中にはいりこんでいます。それから文学に限らず、あらゆる分野に聖書の知識がなくては理解できない場合がよくあります。用語だけではなく、そこに流れている精神もそうです。それは聖書に養われた人びとが、自覚すると否とにかかわらず大きな影響をうけている証拠です。そしてそれはまたキリスト教という精神的風土に私たちも無関係ではない、ということです。

キリスト教が聖書を正典としていることは、誰にも知られていると思います。〈正典〉とは〈規準〉の意味です。もっと簡単に言えば〈ものさし〉です。あらゆることがらに、この〈ものさし〉をあてて判断します。それは人間をこえた神の言葉と理解されています。この〈ものさし〉をあてて測った値はつねに正しいのです。ただ測り方をまちがえると、せっかく測っても、正しい値がでてきませんから、この扱い方には十分注意が必要になってきます。聖書の言葉を自分勝手に、つごうのいいように利用する人がよくありますけれども、この場合あきらかに扱い方をまちがえているのです。大事なのは、まず聖書の読み方をまちがえないことです。

もちろん聖書は、誰がどこで読んでもいいはずです。人類に与えられた共通の財産ですから、そこから誰でも利益を得られるのですが、これが文書である限り、その書かれた背景を無視するわけにはゆきません。読み方をまちがえてはならないというのは、ここのところを申しているのです。

旧約はヘブライ語で、新約はギリシャ語で書かれています。年代は、紀元前九世紀から紀元二世紀にまでわたっています。書いた人がわかっているのもありますが、ほとんどが誰が書いたのかわかりません。一つの文書でも複数の著者があったり、矛盾する複数の資料の混在があきらかなのも多くあります。風俗も習慣も思想も言語も、さらに道徳さえも、時代と場所がちがえばちがってきます。そういうことを全部よく承知した上で、たとえば、日時計の影が進まずに退いたというようなあり得べからざる現象や、また一方では三等親以内の結婚を禁じながら、他方モーセの両親は甥と叔母の関係だったというような矛盾や、キリスト教では到底認められない奴隷制度を決して否定していないとか、私たちにとって理解しかねるそういう不都合な記録がいろいろあることを読んでゆくのです。そして科学的には隙だらけな文章であるこの聖書が、何よりも救主キリストをさし示す本である、ということを忘れてはなりません。ある神学者が、「旧約はキリストが何であるかを語り、新約はキリストが誰であるかを語る」と書いています。たしかにそういうことが言えます。そのことをわきまえないで読めば、どんなに熱心に、まじめに、そして面白く読んだとしても、それは聖書の読み方からは、はずれているのです。したがって聖書がほんとうに語りたいことを聞くことができず、いつも新しい感動を得ることもできなくなります。

キリストによる罪のゆるし

聖書を読むとき抵抗をもつ人が多いのは事実でしょう。旧約でも新約でも、最初から私たちの理性など無視します。しかしくりかえして申しますが、そういう表現で聖書は何を語っているのか、を読みとらなければなりません。そしてそのことによって私たちが自分自身を吟味します。先に述べましたように測るのです。そこから出た値が私たちの生きる道となるのです。

抵抗を覚える第二の理由として、用語の問題があります。聖書の中だけしか通用しないような言葉があったり、キリスト教の世界だけにしか使われない独善的な言いまわしがあるのが気にいらない、ということもありましょう。これは聖書の翻訳の問題として心すべきことであると、私も思います。ところが聖書のもとの言葉は、ごく例外をのぞいて、みなふつうの言葉です。その言語を使い、理解する人びとが誰でもたやすく読むことができる文章であったと思われます。限られた階層にだけわかる文章だったのではありません。つまりすべての人のために書かれたものです。そこで、なじみにくい言葉や表現が出てきましたら、それは聖書の癖と思ったらよろしいのではないでしょうか。読みなれて、その癖をのみこんでしまえば、だんだん抵抗がなくなると思います。

抵抗を感じる第三の理由は、聖書の中心である〈福音〉の内容でしょう。それは〈罪のゆるし〉です。イエス・キリストの十字架のあながいによる罪のゆるしが福音のすべてである、ということになりますと、読む人の期待が裏切られるように思うのですが、聖書は読者がそこまで理解することを求めています。ですから人生をゆたかにするためにとか、美しい精神をもつためとか、心の糧にするためとか、そういう目的で読むのももちろんけっこうなのですが、それ以上にキリストによる罪のゆるしを得させるのが聖書の語る中心であることを記憶したいのです。これは信仰の問題になりますから、考えて納得できることではありませんが、聖書の意図するところはそこにある、ということを申しておきます。

日常性の中の奇跡

この本の題は〈聖書にみるドラマ〉です。そのドラマは、人間世界の現実がもっている奇しさや驚きと共に、日常性の中に含まれている奇跡とでも言うべきものを表わしています。私たちには地上の支配者と考えられている人間の歴史が、実は神がそこに恵をもって介入している歴史である、ということを、聖書にみるドラマは語ろうとしています。聖書の知恵は、日常性こそが奇跡であることを示します。天地のたたずまいの法則も、生命の継承も、すべての生物のいとなみも、そして人間の流れる歴史も、みな神のみ手の中にあることを、日常性は証明しているのです。そしてその神のみ心に従って行くことが、人間の至福であると聖書は告げてやみません。被造物のかしらとして造られた人間が、造り主である神の恩寵の中に生きることを知ったとき、すなわち神との本来の正しい関係を回復したとき、まことの平安がおとずれるというのです。

言いようのない不安や、あせりや、怒りや、そういうものに悩まされている私たちです。人間の住む地上は、今日に限らず、いつもそうでした。その人間に、聖書は絶えずこのように光を投げかけてきました。

神と人との約束

聖書は、おきて、物語、歴史、詩歌、手紙、黙示と呼ばれる特殊な文学など、さまざまな記録が書かれています。けれども一つはっきりしているのは、これらの文書によって、神と人との契約を示しいていることです。契約と言いますと固い感じがしますが、要するに約束です。もっとはっきり言えば、神が一方的な恵みをもって、人間に約束したその約束を示しているのです。神は真実ですから、その約束を決して反古《ほご》にすることはありません。それを信じる者に対して、神はそのひとり子イエス・キリストによって、永遠に変わることのないまことをもって、こたえるのです。そのことを証言しているのが聖書です。

聖書は、その一つ一つの文書が個別に読まれてさしつかえないのですが、それらの文書がまとまって一つの聖書になっていることを、もう一度確認しておきます。ですから、ある一部をとりあげて、ここだけ読めば聖書の真髄にふれることができる、というようなものではありません。

聖書は、それをほんとうに読む人びとに群を作らせました。それが教会です。教会という名を使わない人びとでも、この群をたいへん重要に考えます。そして、その群の交わりの中で聖書を読むことが、私たちをあやまって読みちがえる危険から救うのです。

執筆者紹介（掲載順）

（ ）内は『婦人之友』掲載号

斎藤文一　理学博士・新潟大学名誉教授。宮沢賢治イートハーブ館長(初代)。著書『宮沢賢治とその展開』『宮沢賢治と銀河体験』他／カトリック
（1981年11月号）1925年生

森　禮子　作家・劇作家。著書『モッキングバードのいる町』『天の猟犬、他人の血』『五島崩れ』『聖書劇集』『ひとりの時間』／日本基督教団
（1981年1月号）1928年生

平出　亨　日本キリスト教会　大森教会牧師／日本基督教団
（1976年2月号）1929年生

久米あつみ　元東京女子大学・帝京大学教授。専攻フランス・ルネサンス。著書『ゴッホ』『カルヴァン』『カルヴァンとユマニスム』訳書カルヴァン著『キリスト教綱要』初版など。／日本基督教団
（1979年3月号）1933年生

隅谷三喜男　経済学博士・東京女子大学学長。著書『近代日本の形成とキリスト教』『日本賃労働史論』『韓国の経済』『大学はバベルの塔か』／日本基督教団
（1982年1月号）1916年～1996年

浅野順一　文学博士・元砧教会牧師。著書『イスラエル預言者の神学』『ヨブ記の研究』『浅野順一著作集一一巻』／日本基督教団
（1977年11月号）1899年～1981年

野村　実　シュワイツァー日本友の会会長。著書『人間シュヴァイツェル』『診療の眼』『医療のこころ』／無教会
（1979年1月号）1901年～1996年

関田寛雄　日本キリスト教団神奈川教区巡回教師。著書『十戒・主の祈り』『教会』『聖書解釈と説教』『断片の神学』／日本基督教団
（1980年5月号）1928年生

大木英夫　神学博士・元東京神学大学学長。著書『ピューリタニズムの倫理思想』『終末論的考察』『新しい共同体の倫理学 上下』他／日本基督教団
（1977年9月号）1928年生

牧野信次　上星川教会牧師・農村伝道神学校講師／日本基督教団
（1979年11月号）1938年生

三井　明　弁護士・法学士・東京家裁調停委員。著書『愛と真実――あるキリスト者裁判官の歩み』／日本基督教団
（1979年7月号）1909年〜2005年

山岡　健　日本キリスト教会　大森教会伝道師。著書『キリスト教への道案内』他／日本基督教団
1956年〜1998年

P・ネメシェギ　神学博士・上智大学教授・イエズス会司祭。著書『父と子と聖霊』『キリスト教入門』『キリスト教とは何か』／カトリック
（1979年10月号）1923年〜2011年

松田智雄　経済学博士・図書館情報大学学長。著書『イギリス資本と東洋』『近代の史的構造論』『近代への序曲』『ドイツ資本主義の基礎研究』『市民革命と音楽』／無教会
（1977年4月号）1911年〜1995年

船水衛司　東京神学大学教授。著書『旧約聖書略解「ヨブ記」』、翻訳R・ゴルディス『神と人間の書―ヨブ記の研究、上・下巻』／日本基督教団
（1977年2月号）1917年〜1988年

石原吉郎　詩人・シベリヤ強制収容所に長く抑留。元日本現代詩人会会長。著書『サンチョパンサの帰郷』『望郷と海』『日常への強制』『石原吉郎全集3巻』
（1977年12月号）1915年〜1977年

片岡美智　文学博士（仏国）・京都外国語大学教授。著書『人間・この複雑なもの（自伝）』『スタンダールの人間像』『シモーヌ・ヴェイユ』／カトリック
（1977年10月号）1907年生

田中澄江　作家。著書『新約聖書の女たち』『物語日本女性史』『カキツバタ群落』『花の百名山』／カトリック
（1979年12月号）1908年～2000年

雨宮栄一　中部学院大学名誉教授。著書『バルメン宣言研究』『ドイツ教会闘争の展開』『日本キリスト教団教会論』
（1980年11月号）1927年生

宮崎　亮　医師・元日本キリスト教海外医療協力会バングラデシュ派遣医師。著書『密林に愛の光を』『密林の生と死と愛』／札幌独立キリスト教会
（1979年5月号）1930年生

大塚野百合　恵泉女学園短大教授。著書『生きがいの人生論』『文学に現われた人間像』／日本基督教団
（1981年7月号）1924年生

藤林益三　弁護士・日本法律家協会会長・東京都環境影響評価審議会会長・元最高裁判所長官。著書『一法律家の生活と信仰』／無教会
（1980年12月号）1907年～2007年

吉田新一　立教大学名誉教授。著書『イギリス児童文学論』『絵本の愉しみ』／聖公会
（1979年6月号）1931年生

谷　昌恒　北海道家庭学校理事長兼校長。著書『ひとむれ第一集、二集、三集』翻訳ティトマス『福祉国家の理想と現実』
（1981年6月号）1922年～？

栗山百合子　清泉女子大学理事長・聖心侍修道会アジア管区長／カトリック
（1981年5月号）1926年生

吉村善夫　文学博士・元信州大学教授。著書『ドストエフスキー』『現代の神学と日本の宣教』『邂逅』『夏目漱石』／日本基督教団
（1978年8月号）1910年生

吉田　満　日本銀行監事。著祖『戦艦大和ノ最期』『散華の世代から』『提督伊藤整一の生涯』『戦中派の死生観』／日本基督教団
（1978年4月号）1923年～1979年

秋田　稔　国際基督教大学教授・北星学園大学長を経て、現在恵泉女学園名誉学園長。著書『聖書の思想』『実存と社会』『キッテル新約聖書神学辞典「義」』／無教会
（1980年10月号）1920年生

安西　均　詩人・日本現代詩人会会長。著書『自選詩集「遠い教会」』ほか
（1980年6月号）1919年～1994年

荒井　献　神学博士・東京大学教授。著書『原始キリスト教とグノーシス主義』『イエスとその時代』『イエス・キリスト』／日本基督教団
（1979年4月号）1930年生

佐竹　明　文学修士・神学博士（独国）・広島大学教授。著書『ピリピ人への手紙』『ヨハネの黙示録』『喜びに生きる（説教集）』『使徒パウロ――伝道にかけた生涯』／日本基督教団
（1981年12月号）1929年生

齋藤　勇《たけし》　文学博士・日本学士院会員・東京大学名誉教授。著書『英詩概要』『シェイクスピア研究』『讃美歌研究』ほか／日本基督教団
（1976年12月号）1887年～1982年

プロフィールは執筆者（関係者）からの訂正以外は、執筆当時のままとしました。

渡辺総一　画家。東北学院大学卒業。アジア・キリスト教美術協会前実行委員・キリスト教美術協会会員・日本美術家連盟会員。著書『共に歩むキリスト』他／日本基督教団
1949年生

凡例

新版「聖書にみるドラマ」の編集方針の大綱は、次の通りである。

1聖書本文は、基本的に筆者が使用していた聖書のままとした。

2本文中の「不快語」等については筆者の訂正によるが、それ以外は主として「新共同訳聖書」の本文に採用されている用語に準じて改めた。

3難読と思われる語句には、底本の振り仮名はそのままに、さらに必要と思われるものに振り仮名を加えた。

4引用符の表示方法を、一般慣用方式に従って変えたものがある。

聖書にみるドラマ

1982年 3月25日　初版発行
2012年 4月15日　新版発行

編　者
発行所　婦人之友社

〒171-8510 東京都豊島区西池袋 2-20-16
電話　03-3971-0101
振替　00130-5-11600

印刷・製本　大日本印刷株式会社

ISBN978-4-8292-0601-0

羽仁もと子著作集 全21巻

＊は新版、15巻は既刊と並行して発刊。新版の聖書本文は「新共同訳聖書」。

＊1 人間篇
人生を深く生きるために、まず人間そのものを知ろうと、文豪の描く名作中の人物の生き方を探る。

＊＊＊4.3.2 思想しつつ生活しつつ 上中下
著作集の中核となる著者の思想の歩み。上巻は家庭の問題、中巻は人生について、下巻は祈りの心を。

＊＊7.6.5 悩める友のために 上中下
溢れる同情と人間の急所をついたきびしさをもって著者に寄せられた悩みの手紙に答えた人生問答。

＊8 夫婦論
独立自由の人格が一体となって一つ使命を持つことが真の夫婦であると説き、結婚の理想の姿を描く。

＊9 家事家計篇
家持ちのよい主婦、家計上手の主婦となるために、身近な家庭経営の問題と熱心にとりくんだ労作。

＊＊11.10 家庭教育篇 上下
上巻は幼児教育について自身の育児の経験から、下巻は自由学園の教育を通して生活即教育の理念を。

＊12 子供読本
子どもたちに夢をと、著者が思いをこめて創作した楽しいお話集。新選いろはかるたとむかしがたり。

13 若き姉妹に寄す
学校生活、社会生活を通して結婚にいたるまでの健全な生き方を示し、少年少女の若い心に訴える書。

＊14 半生を語る
記者として出発、主婦また母としての生活を土台に婦人之友を創刊し自由学園をつくるまでの自伝。

＊15 信仰篇
著者の思想の根底に流れるキリスト教の信仰について思いを語る。信仰に志す人々へのよき道しるべ。

＊16 みどりごの心
日々の生活に希いを見出し、希いの中に多くの祈りを与えられて暮した著者のありのままの思いの跡。

17 家信
温かい親心のあらわれの中に、人生とは何であるかしみじみとつづる、異国に学ぶ娘へあてた書簡集。

＊18 教育三十年

三十年にわたる学園教育の結晶。幼児から大学にいたる教育経験とその背後にある信仰と思想の記録。

＊19 友への手紙

真の平和な世界を望み、人間の中の神につくものと対するものの相反する二つを深く探求した心の跡。

＊20 自由・協力・愛

昭和七年渡欧の船中で書かれた家への便りから三十一年の絶筆まで、数々の思い出多い文章を集めて。

＊21 真理のかがやき

昭和初期から晩年までの折々の思い、独自の生活主張「生活合理化」、聖書について書かれたものを収録。

羽仁もと子選集

6冊刊行

◎おさなごを発見せよ

子どもを育てるには、子ども自身の生きる力を尊重することが大切と説く、活きた生活教育の案内書。

◎最も自然な生活

思想することの出来る生活。それは欲望のままにでなく、自主、自由を本気で考えるところから始まる。

◎人生の朝の中《うち》に

新家庭生活は人生の朝のよう。朝のうちに規律正しい生活を身につけるための活きた提案の書。

◎われら友あり

人生の夏から秋を心豊かに過ごすために。今おかれている自分の環境の中で心と体を働かせたい。

◎生活即教育

子ども自身、意志をもって生活できるように。親、教師も子ども達の生活環境をよいものにしてゆきたい。

◎力は出るもの出せるもの

子ども達が深くものを考え、勇気をもって行動できるように。著作集12巻「子供読本」より収録。

＊羽仁もと子選集は、著作集から選んだ文章に未発表のものを加え、編集したものです。